붓다와의 마음수업

붓다와의 마음수업

정준영 지음

붓다의 눈으로 세상을 바라본
우리 시대 현자가
30년 수행 속에 길어 올린 깨달음

whale books

차례

1부 수행 이야기
무엇이든 '있는 그대로'를 수용할 줄 아는 태도

2부 세 가지 훈련
붓다가 세 겹의 길을 제시하다

첫 번째 훈련: 뿌리, 이완, 계학戒學

일러두기
- 외래어는 원칙적으로 국립국어원의 외래어 표기법을 따랐으나, 통상적으로 널리 사용되는 경우에는 관용적 표기를 존중했다.
- 본문에서 명상과 수행은 유사한 의미로 사용한다. 이 둘의 차이점은 「명상인가, 수행인가」에서 다룬다.

미얀마의 한 수행처에서 위빠사
나vipassanā, 觀 수행을 정진하고 있을 때였다. 하루는 평소 존경하던 스
님이 차를 한잔하자고 했다. 스님은 나의 아버지와 함께 단기 출가를
했다가 교수직도 마다하고 스님의 삶을 선택했던 분이다. 나는 수행
하는 스님의 모습, 표정, 말투, 심지어 걸음걸이까지 흉내 내고 싶었
다. 스님은 외부인 출입을 통제하고 음식까지 방으로 넣어주는 숲속
한 묵언실에 들어가 수행만 했다. 보름에 한 번 포살일에 나와 얼굴
을 잠시 보여주었다. 포살일은 승가의 청정을 유지하기 위하여 스님
들이 함께 모여 자신의 행동을 점검하고 잘못을 고백하는 날이다.

스님은 오랜만에 묵언을 깨고 내 안부를 물었고, 몇 가지 수행에 대한 점검을 해주고서는 조용히 나에게 전했다. "이제 이곳을 떠나 한국에서 수행처를 만들어보려 한다." 마음을 의지했던 스님이 떠난다니 서운한 감정이 일어나는 동시에, 왜 수행처를 만들려는지 궁금했다. 지금 돌이켜보면 왜 그런 질문을 했는지 후회되지만, 이십 대 때의 나는 꼭 물어봐야만 한다고 생각했었다.

"스님, 깨달으셨어요?"

스님은 입가에 미소를 머금으며 아무 말도 하지 않았다. 여기서 멈추었어야 했는데 나는 다시 물었다. "스님께서 아직 깨닫지 않으셨다면 수행처를 만들기보다 깨달음을 얻는 게 우선 아닐까요?" 평소 존경하던 스님이 아라한이 되길 바라는 마음이 컸는지 투정 부리듯 거친 표현이 튀어나왔다. 스님은 여전히 온화한 미소를 지으며 말했다. "준영아, 너는 성인聖人이 되면 모든 것이 끝이다 생각하나 보다."

"산을 오르면 모든 것이 끝나는 것이 아니라, 다시 내려와야 하고, 언젠가는 다시 올라야 한다."

스님은 묵언실로 다시 들어갔다. 나는 알 듯 모를 듯한 스님의 말을 곱씹으며, 입을 삐죽 내민 채 방으로 돌아왔다. 그리고 잠시 나 자신을 바라보았다. '저렇게 열심히 수행하는 분이 끝까지 가야 하는 거 아니야?' 머지않아 누군가에게 기대고 싶은 나를 마주하게 되었다. 그러면서 스스로가 비겁하고 나약하다는 생각이 들었다. '수행이 힘드니 타인에게 원하고 있구나….'

아버지 기대에 부응해야 한다는 압박감 속에서 마지못해 수행의 문턱을 넘었다. '이제 내가 아라한이 될 것이다.' 수행은 나의 선택이고 나의 의지다. "자기 자신이야말로 자신의 의지처이니, 다른 누가 의지처가 될 수 있으랴."[1] 진정한 '의지처'는 외부가 아닌 자신의 내면에서 찾아야 한다.

그동안 중요하다고 생각했던 모든 것을 내려놓기로 했다. 사랑하는 가족과 보고 싶은 사람들도, 가슴 벅차게 하던 스승들의 말씀도, 심지어 붓다의 가르침도 모두 내려놓기로 했다. 이제 내가 몰두할 곳은 내 몸과 마음 외에는 없다. 수행으로 인한 통증과 졸음도 더는 두렵지 않았다.

깨달음은 누군가를 판단하는 일이 아니라, 자기 안을 비추는 일이다

다른 장애가 나타났다. 나에게 망상이 떠오른 것이다. '아라한이 되려면 아라한을 만나봐야 한다.' 지금은 이러한 생각이 수행처에서 벗어나고 싶은 욕구에 불과하다는 사실을 알지만, 그 당시에는 절실했다. 망상은 자아가 창조한 일종의 환영으로 그 본질상 자아의 가장 깊은 곳을 반영한다. 이 생각은 교묘하게도 자아의 정당성을 확립하고자 하는 욕구에 부응해, 시의적절하고 설득력 있는 형태로 나타난다. 수행처를 떠나지 말라는 주변의 만류에도 불구하고, 한 현지 스님의 안내를 받아 아라한을 찾아 나섰다.

가진 것이라고는 가사 한 벌과 발우, 그리고 낡은 자주색 슬리퍼가 전부였다. 신발이 닳으면 맨발로 걸어 다녔지만, 그것도 수행의 일부라 여겼다. 하루에 한 번, 때로는 이틀에 한 번 식사를 하며 여러 사찰을 순례했다. 오후불식의 계율을 지키고자, 이동 중 정오를 넘기면 며칠씩 식사를 거르기도 했다. 미얀마의 모든 사찰에서 스님들이 열심히 수행하고 있을 것이라 기대했지만, 다른 지방으로 갈수록 그 모습을 찾기 어려웠다. 하룻밤씩 머물렀던 사찰에서 고요히 앉아 정진하는 스님들의 모습을 볼 수 없었다. 그럼에도 이 여정은 나를 더 깊이 깨달음의 길로 이끌었다.

아라한을 찾아 여러 곳을 방문했지만 만나지 못했다. 그러다 미얀마 중부 핀다야 지역에서 꼰롱 사야도(큰스님)Konlon Sayadaw를 만날 기회를 얻었다. 꼰롱 큰스님은 주변에서 아라한이라고 칭송받는 인물로, 많은 신도들이 그를 만나기 위해 이곳에 와 있었다. 그날은 태국, 싱가포르 등에서 온 단체 방문객도 있었다. 큰 홀에서 꼰롱 큰스님은 벽을 등지고 의자에 앉아 있었고, 일반인들은 정해진 선 밖에서만 볼 수 있었다. 하지만 나는 외국인 스님이라는 이유로 특별히 배려를 받아 바로 옆에 앉아 큰스님에게 질문할 기회를 얻었다. 오랜 시간 찾아 헤맨 아라한에게 조심스럽게, 그러나 깊이 고민하지 않고 물어보았다.

"혹시 드시고 싶은 것은 없나요?"
옆에 있던 통역하는 스님은 바로 내게 답변했다.
"그런 것은 묻는 것이 아닙니다."
그래서 다시 물어보았다.
"혹시 불쾌한 일이 생겨도 짜증이 나지 않으시나요?"
통역 스님은 내게 다시 답했다.
"그런 것은 묻는 것이 아닙니다."

그러자 큰스님이 통역 스님에게 이런저런 말을 하였고 두 스님은 서로를 보고 미소를 지었다. 미얀마 말은 잘 모르지만 아마도 무슨 대화가 오갔느냐 물으신 것 같았다. 그래서 통역 스님에게 말했다. "제가 어떤 질문을 하면 되나요?" 그러자 이처럼 답하였다.

"어떤 질문이든 하셔도 좋습니다."

나는 기대와 호기심으로 가득 차 있었다. 내가 추구하는 목적을 이룬 사람이 눈앞에 있다는 게 놀라웠고, 이런 대단한 사람은 어떤 마음으로 사는지 궁금했다. 깨달음을 열반이라고 하면, 이를 말로 표현하기는 어려울 것이다. 모든 조건에서 벗어난 상태(무위법無爲法)를 어떻게 표현할 수 있겠는가. 그래서 경전에는 여러 비유가 나온다. 그중 하나가 열반을 탐욕, 성냄, 어리석음이 사라진 상태라고 설명하고, 이것을 "탐진치貪瞋痴 삼독심三毒心의 소멸"이라고 한다. 나는 서툰 질문으로 꼰롱 큰스님이 정말 열반을 이룬 아라한인지 직접 물었던 것이다. 통역 스님은 어리숙한 나를 알아챈 듯 새로운 과제를 주었다. 바로 큰스님의 다리를 주무르는 일이었다. 아직 어리고 수행이 부족한 내가 할 수 있는 일 중 하나였다.

우리는 누군가의 수행력이 뛰어나다는 이야기를 들으면, 진실을 확인하고자 하는 본능적 욕구를 느낀다. 그 사람의 깨달음과 체험의 수준을 가늠하려 애쓰며, 소문의 진위를 파악하는 데 집중한다. 그러나 이러한 접근이 과연 바른길일까? 그가 아라한이든 평범한 사람이든, 그 사실이 우리에게 어떤 본질적 차이를 만들어낼 수 있을까?

가령 타임머신을 타고 과거로 돌아가 붓다를 만난다고 상상해보자. 그저 "당신이 진정 붓다이십니까?"라고 묻는 것이 과연 의미있는 질문일까? 오히려 우리가 마주한 이가 누구든, 그와의 만남을 통해 자신의 현재 고민과 문제를 새로운 시각에서 바라볼 기회를 얻는다면, 그것만으로도 충분한 가치가 있을 것이다. 진정한 깨달음의 길은 다른 이의 수행 수준을 판단하는 것이 아니라, 자신의 내면을 성찰하고 변화시키는 데 있음을 명심해야 한다.

수행은
삶의 한가운데에 있다

긴 여정을 마치고 미얀마의 수도 양곤으로 돌아왔다. 아라한을 찾는 여행은 나에게 새로운 다짐을 선물로 주었다. 나는 구도라는 외로운 길을 혼자 가고 있는 것이 아니다. 물론 겉으로만 수행자의 모습을 한 이들도 있겠지만, 이 세상에는 끊임없이 반복되는 불만족의 고리를 끊어내고자 노력하는 보이지 않는 수많은 수행자가 있다. '이제 나는 수행자로 살겠다. 그리고 밖이 아닌 내 안에서, 스스로 채운 족쇄들을 풀어내겠다.' 한국으로 돌아가는 비행기표를 예약하고 아버지에게 전화를 걸었다.

"아버지, 저는 가사를 입고 귀국하겠습니다."
아버지가 대답했다.
"네, 스님. 들어오시면 머무실 곳을 마련해 보겠습니다. 그런데 스님, 한 가지 조건이 있습니다."

"네? 조건이 뭔가요?"

"스님께서는 비구로 지켜야 할 계율을 지키셔야만 합니다. 만약 자신이 없다면 환계를 하고 오시기 바랍니다."

한국으로 돌아왔다. 짐이라곤 검은색 반소매 티와 바지 한 벌이 다였다. 많은 고민을 했지만, 스님이 지켜야 하는 엄중한 계율들을 알고 있었기에 자신이 없었다. 수행자로 사는 것과 승가의 구성원으로 사는 건 별개의 문제다. 자신이 없다는 말은 그만한 대우를 받을 자격이 없다는 것이다. 하지만 수행을 내려놓기보다 더 정진했다. 이듬해에 다시 미얀마로 가 출가했고, 다른 나라의 수행처를 찾아다니며 다양한 수행법을 익히기 시작했다.

이 책은 내 수행 여정의 기록이다. 아라한을 찾아 떠난 여행에서 시작해 미얀마에서의 출가와 수행, 그리고 수행처를 다니며 겪은 이야기들을 담았다. 수행의 길은 끝이 없지만, 이 책을 통해 독자들과 내 여정을 나누고 싶다. 어쩌면 누군가에게는 자신의 내면을 들여다보는 계기가 될 수도 있을 것이다.

수행은 멀리 있는 게 아니라 바로 우리 안에 있다는 것, 그리고 그 여정은 혼자가 아닌 함께 가는 길이라는 것을 전하고 싶다. 이 책이 수행에 관심 있는 이들에게 작은 등불이 되길 바란다.

세 가지 훈련(삼학三學)에 대한 소개

즐거운 마음으로 길을 걸어가고 있다고 가정해 보자. 신이 나 입가에 저절로 미소가 걸린다. 그런데 갑자기 맞은편에서 내가 싫어하는 사람이 걸어오고 있다. 심장은 두근거리고, 시선은 어디 두어야 할지 모르겠다. '저 인간을 여기서 보다니….' 즐거운 마음은 온데간데없이 사라지고 분노가 일어난다. 그 사람과의 악연으로 일어났던 일들이 삽시간에 떠오른다.

당신은 이 순간, 싫어하는 그 사람을 향해 욕을 하거나 때려주는 것이 속 편할까? 아니면 그냥 못 본 척 지나가는 것이 편할까? 어느 방법을 택할 것인가? 아마도 대부분의 사람은 '오늘 운도 더럽게 없네' 하며 못 본 척 지나가려 할 것이다. 속 시원하게 "너 잘 만났다!" 하며 욕을 하고 때리고 싶겠으나, 긴장도 되고 그다음에 발생할 복잡한 일이 예상되기에 대부분 화가 나도 참고 겉으로 잘 드러내지 않는다. 이것을 '도덕성', 혹은 '윤리의식'이라고 한다. 만약 사람들이 인내심 없이 화나는 대로 겉으로 표현하고 살았다면 이 세상은 갈등과 다툼으로 가득할 것이다.

누가 시키지 않았음에도 우리는 인내하고, 예의를 차리고, 약속을 지키는 등 기본적인 도덕성을 지니고 있다. 그리고 이러한 마음은 내가 다른 사람들과 함께 살아가는 데 '뿌리'와 같은 토대의 역할을 한다. 우리가 기본으로 지닌 이러한 마음을 바탕으로 사회법이 만들어졌고, 종교에서는 계율, 계명, 규범 등으로 지킬 것을 권유한다. 물론 이러한 마음을 잘 지키지 못하고, 기분대로 언행을 하는 사람들은 국가가 나서서 사회에서 격리하기도 한다.

처음 장면으로 돌아가 보자. 나는 즐거운 마음으로 길을 가고 있다. 그런데 갑자기 싫어하는 사람이 맞은편에서 나타났다. 순간 화가 난다. 분노가 부글부글 끓어오른다. 여기서 다시 질문하겠다. 만약 우리가 도덕성을 잘 지키고 인내하면 이렇게 화난 마음을 다스릴 수 있을까? 윤리, 계율, 계명, 규범의 실천이 우리의 분노를 조절하게 해줄까? 만약 질문이 어렵다면 바꿔보겠다. 혹시 법을 잘 지키면 화가 안 날까?

　화가 난다. 때로는 화가 더 나기도 한다. 우리가 인내하고 윤리와 법을 지키는 것만으로는 화난 마음을 다스리기 어렵다. 인내와 도덕은 분노를 언행으로 표출하는 것을 막고 다스리는 역할을 할 뿐이지, 솟구치는 분노를 다스리지 못한다. 물론 이것들이 사회생활에는 필요하지만, 개인의 분노를 다스리기에는 분명 한계가 있다. 착하게 산다고 해서 화가 안 나는 것이 아니다. 아무리 착하게 살아도 화병에 걸릴 수 있다.

　그렇다면 화난 마음은 무엇으로 다스릴 수 있을까? 바로 '마음'이다. 분노하는 마음은 또 다른 마음이 개입해야만 다스릴 수 있다. 마음이라고 하니 너무 방대하다. 조금 더 구체적으로 보면 '집중'하는 마음이 필요하다. 이제 타인과의 관계에서 개인의 문제로 들어간다. 잠시라도 싫어하는 그 사람을 생각하기보다는 싫어하고 있는 나 자신을 바라보려고 시도한다. 이때 그 사람이 아닌 나의 상태를 바라보려면 집중하는 마음이 있어야 한다. 만약 집중이 없으면 내 마음은 바로 싫어하는 사람을 찾아가 다시 찰싹 붙어버릴 것이다.

　그렇기에 나의 마음을 조절하는 힘이 필요하다. 이렇게 나의 마음을 집중으로 다스리는 과정을 마음 공부, 집중 훈련, 기도, 명상 등이라 부르기도 한다. 우리의 정신적 성장 과정을 한 그루의 과실수에 비유한다면, 앞서 언행의 다스림은 '뿌리'이고, 마음의 집중은 '줄기'라고 볼 수 있다.

그럼 다시 처음 장면으로 돌아가 보자. 즐거운 마음으로 길을 가고 있는데, 내가 싫어하는 사람이 나타난 순간이다. 우리는 갑자기 화가 나고 분노한다. 그런데 도대체 즐거운 마음은 어디로 갔을까? 그리고 분노하고 미워하는 마음은 어디서 왔을까? 누군가를 이토록 미워하는 마음은 아마도 나의 기억 속에 숨어 있었던 것 같다. 싫어하는 그 사람의 모습, 음성, 소식 등은 불쏘시개가 되어, 바로 분노하는 마음이 타오르도록 도울 뿐이다. 이처럼 그에 대한 기억은 내 안에 숨어 있다가, 조건만 맞으면 언제든지 튀어나올 준비를 하고 있나 보다.

마지막 질문이다. 만약 우리가 마음의 집중을 잘하면, 언제 튀어나올지 모르는 숨어 있는 분노와 기억, 부정적 정서를 다스릴 수 있을까? 질문이 난해하다면 바꿔보겠다. 집중을 잘하면 내 안에 숨어 있는 기억도 다스릴 수 있을까? 혹시 지금 이 페이지를 뚫어지게 보면, 다음 장의 글자도 보일까? 아무리 눈에 힘을 주고 집중해도 보이지 않는다. 집중은 표면으로 드러난 대상을 인식할 수 있을 뿐이지, 가려진 숨은 대상은 알 수 없기 때문이다. 대상이 없는데 어디에 집중하겠는가. 보이지 않는데 어떻게 조준하겠는가. 이처럼 집중은 마음을 다스리는 좋은 훈련법이지만 한계가 있다.

그렇다면 숨어 있는 마음과 기억은 무엇으로 다스릴 수 있을까? 바로 '지혜'다. 물론 지혜가 마음과 기억을 추적하듯 찾아내어 없애는 것은 아니다. 지혜는 지금 내가 분노하는 이유를 파악하도록 돕고 분노하는 나를 객관적으로 볼 수 있게 한다. 그리고 '어떤 조건들이 분노라는 결과로 이끌었는지' 알 수 있도록 해준다. 이러한 지혜를 키우기 위해서는 '관찰'이 필요하다. 관찰을 통해 얻은 지혜는 '열매'에 해당한다.

앞서 언행의 다스림이 '뿌리'라면, 마음의 집중은 '줄기', 그리고 인과 과정을 바르게 이해하는 지혜를 '열매'라고 볼 수 있다.♥ 이들은 한 그루의 과실수처럼 유기적으로 연결되어 있으면서 동시에 서로 다른 역할을 하고 있다. 우선 뿌리의 역할을 돕기 위해 우리는 '이

♥ 불교에서는 뿌리, 줄기, 열매라는 세 가지 훈련을 중도의 실천법인 '삼학'이라고 부른다. 붓다는 중도의 실천법으로 팔정도를 지도했고, 팔정도는 삼학 안에 포함된다. 삼학은 수행자가 반드시 닦아야 하는 세 가지 훈련을 의미한다. 이 세 가지는 계학, 정학, 혜학이라고 부르며 계의 모음, 정의 모음, 혜의 모음을 의미한다. 마치 한 그루의 과실수가 뿌리, 줄기, 열매로 구성된 것처럼 계학은 뿌리, 정학은 줄기, 혜학은 열매에 비유할 수 있다. 계학은 도덕성을 키우는 훈련을 의미하며 팔정도의 바른 말, 바른 행위, 바른 직업(삶)을 포함한다. 정학은 집중하는 마음의 훈련을 의미하고 바른 노력, 바른 마음챙김, 바른 집중을 포함한다. 혜학은 지혜의 훈련이며, 바른 이해, 바른 사유를 포함한다. 붓다가 첫 번째 설법을 통해 강조했던 중도는 팔정도를 의미하고, 팔정도는 다시 삼학으로 설명할 수 있다. 팔정도가 복잡하고 어렵다면, 계정혜의 삼학만 알아도 충분하다. 팔정도, 삼학을 법수로 이야기하면 어려울 수 있다. 마치 일반인이 아닌 도인이나 성인이 가야 할 길인 것처럼 생각할 수 있다. 하지만 삼학은 일상에서 다루고 확인할 수 있다. 즐거운 마음으로 길을 걷다가 싫어하는 사람을 만났을 때도 삼학은 작용한다. 수행처에 들어가 가부좌를 틀고 앉아야만 팔정도와 삼학을 할 수 있는 것이 아니다. 붓다가 제안한 중도의 실천법인 팔정도, 그리고 팔정도를 포함하는 계정혜의 삼학은 지금 이 순간에도 작용하고 있다. 우리가 얼마나 자주 연습하느냐에 따라 그 가치는 달라질 것이다.

완'을 추구한다. 이완은 들뜨고 흥분한 마음을 가라앉히는 것이다. 활성화된 교감신경을 의도적으로 낮추는 작업이다. 이를 위해 사랑, 행복, 연민 등의 마음을 갖는 것이 도움이 된다.

1부에서는 나의 수행 이야기로 시작하여 한 그루의 과실수를 성장시키기 위한 마음들을 생각해 보는 시간을 가지려고 한다. 내가 수행을 통해 얻은 부족한 지혜를 조금이나마 나누고 싶다.

2부의 첫 번째 훈련에서는 뿌리에 해당하는 도덕성과 윤리에 대해 이야기하려 한다. 일상생활, 사람들과의 만남, 사회생활을 통해 경험하는 사랑, 행복, 소유 등에 관한 내용을 담아 우리가 함께 하면 좋을 마음가짐을 소개하고자 한다.

다음으로 줄기를 다루기 위해서는 명상의 주요 기제로 잘 알려진 '집중'하는 힘이 필요하다. 오늘날에는 마음챙김, 집중 명상 등 마음을 대상에 향하게 하는 기술을 집중이라고 한다. 집중을 원활하게 작용시키기 위해서는 마음을 다스리는 과정이 필요하다. 망상과 분노를 다스려야 할 뿐만 아니라 체험을 통해 믿음을 키워나가는 과정이 있어야 한다.

두 번째 훈련에서는 집중을 위해 우리가 이해하고 직접 적용할 수 있는 방법을 제안하고자 한다. 이 과정을 통해 우리 스스로가 만들어낸 몸과 마음의 문제들을 두려움 없이 만나는 계기가 되기를 바란다. 우리가 용기 내어 집중의 힘을 키운다면, 수시로 경험하는 우울과 불안 등의 부정적인 정서를 파악하고, 건강한 나로 바꿀 수 있을 것이다.

세 번째 훈련에서는 열매를 다루며 '지혜'에 대해 이야기하려 한다. 지혜는 '관찰'이라는 내적 통찰의 과정이 중요하다. 뿌리와 줄기에서 개인의 삶이나 사회적 관계와 관련된 부분을 다룬다면, 열매에서는 조금 더 내적이고 경험적인 부분을 다룬다. 우리는 수행을 통해 현재의 몸과 마음을 지금 이 순간(현존) 알아차리고(자각) 받아들이는 마음(수용)이 필요하다. 특히, 마지막 훈련에서는 불교 수행을 통해 찾고자 하는 세 가지 현상의 특징이 무엇인지, 명상과 수행, 마음챙김의 차이점은 무엇인지도 함께 이야기한다.

1부

―

수행 이야기

무엇이든 '있는 그대로'를
수용할 줄 아는 태도

모든 것은 나에게 달려 있다

나는 알게 되었다. 아버지 석가족이 추수하는 날, 염부수 나무 아래에 앉아, 감각적 욕망에서 벗어나고 불선한 법으로부터 떠나, 일으킨 생각과 머무는 생각이 있고, 벗어남으로 인한 희열과 즐거움이 있는 첫 번째 선정(초선初禪)에 도달하여 머물렀던 적이 있는데, "실로 그것이 깨달음을 위한 길일 것이다"라고. 악기웨사나여, 그러한 나에게 뒤따르는 의식이 생겨났다. "바로 그것이 깨달음을 위한 길이다"라고.[1]

❀

1990년 어느 겨울 아침, 아버지가 단호한 목소리로 말했다. "차에 타라." 나는 어리둥절한 표정으로 아버지를 바라보았다. 학교에 가야 한다는 말이 목구멍까지 차올랐지만, 아버지의 굳은 결심 앞에서 가족 모두가 일상을 뒤로한 채 차에 올랐다. 예외는 없었다. 집안일이 산더미처럼 쌓인 어머니도, 대학생인 누나들도, 대학 입시를 코앞에 둔 나도 아버지의 뜻에 따를 수밖에 없었다.

"모두 차에 타라. 그리고 당분간 각자의 일은 접어둔다."

아버지의 강한 의지는 우리에게 퇴로의 여지를 남겨주지 않았다. 작은 차는 설렘과 불안을 싣고 전라남도 해남으로 달렸다. 도착한 대흥사는 고요하기 그지없었다. 빼어난 자연과 어우러진 고즈넉한 정취에 잠시 매료되었지만, 아버지는 곧 우리를 어디론가 이끌었다. 나는 무언지 모를 막연한 긴장감에 휩싸였다.

아버지의 소개로 처음 만난 스님들의 모습은 당황스러울 만큼 낯설었다. 그 당시 내가 보기에 스님들은 기이한 옷을 입고 있었다. 비구로 보이는 스님조차도 바지가 아닌 치마 같은 갈색 천을 몸에 두르고 있었다. 소매나 단추는 찾아볼 수 없었다. 무언가를 입고 있다기보다는 걸치고 있는 느낌이었다. 그뿐만 아니라 생전 듣지도 못한 말을 사용했다. 분명히 한국 사람임에도 불구하고 기도할 때는 된소리가 많이 나는 이상한 주문을 외우는 것 같았다. 내 귀에는 그 소리가 "따따부따, 따따부따" 하는 것처럼 들렸다.

낯선 분위기는 점차 말로 표현하기 어려운 불안으로 밀려왔다. 아버지는 왜 우리를 이런 곳으로 데리고 온 것일까? 가장 신뢰하는 사람이 가장 신뢰하기 어려운 공간에 우리를 떨어트려 놓은 것이다. TV 뉴스나 신문을 통해 간혹 보도되던, 한번 빠지면 가족도 직장도 다 버린다는 그런 사이비 종교 단체에 온 것이 틀림없었다. 앞으로 우리 가족이 세상을 등지고 이상한 주문을 외우며 평생을 여기서 보내야 하는 것은 아닐까 하는 두려운 생각이 들었다. 도망쳐 버릴까?

그러나 차마 그럴 수는 없었다. 내가 이곳을 홀로 떠난다는 것은 가족에 대한 배신이었기 때문이다. 나의 '실천'은 이렇게 시작되었다.

갈수록 어려움은 더욱 커져갔다. 무엇보다 정오 이후에는 먹을 것을 주지 않았다. 어린 시절부터 더 먹으라는 권유만 들어왔던 나에게 이들은 오후불식을 요구했다. 오후불식이란 정오 이후에는 가능한 한 음식을, 특히 씹는 음식을 먹지 않는 것을 말한다. 게다가 먹는 것도 쉽지 않았다. 발우공양은 나를 정신없게 만들었다. 조금 먹을라치면 "물 따르시오", "밥 나르시오" 하며 제대로 먹을 시간조차 주지 않았다. 게다가 남김없이 다 먹은 후에 남은 김치 한 조각으로 그릇을 닦아 물까지 마시는 것은 정말 힘들었다.

여기서 끝이 아니었다. 침묵을 지켜야 한다고 말도 못하게 했을 뿐만 아니라, 모든 동작을 천천히 할 것을 요구했다. 우리 가족이 외부에서 걷기 명상(행선)을 할 때면, 때마침 찾아온 방문객들은 사찰을 구경하는 것이 아니라 우리를 구경했다. 슬로 모션처럼 천천히 움직이는 우리가 신기한 듯했다. 나는 몹시 부끄러워 당장 숨고 싶었지만, 아버지의 눈이 무서워 그럴 수도 없었다.

고통의 절정은 앉는 명상(좌선)에 있었다. 새벽 4시부터 밤 9시까지 좌선과 행선을 반복했는데, 걷기 명상은 그런대로 견딜 만했지만 꼼짝없이 앉아 버텨야 하는 좌선은 참으로 힘들었다. 다리는 저리고 허리는 쑤셨다. 정말 1분이 한 시간 같았고, 하루는 한 달 같았다. 시간이 마치 동아줄에 단단히 묶여 있는 듯했다. 하루하루가 더디게만 흘렀지만, 모든 것이 나쁜 것만은 아니었다. 갈색 가사를 입은 스님들은 우리 가족이 새벽 예불에 참석하지 않아도 좋다고 했다. 수행을 하는 것이 예불을 하는 것과 같다는 것이었다. 덕분에 나는 이른 새벽의 부족한 잠을 좌선하는 척하며 보충할 수 있었다.

나에게 주어진 임무라고는 나의 몸과 마음을 바라보라는 것뿐이었다. 울력(협동 노동)도 없었으며 어떠한 의식에도 참여하지 않았다. 오히려 절 안에서 공밥을 먹으며 이래도 되는 것인가 하는 의문이 들 정도였다. 무언가를 믿으라고 하거나, 관념을 좇으라는 말도 없었다. 나의 언행에 대한 선악의 판단도, 그 결과에 대한 부담도 언급하지 않았다. 알아듣기 어려운 한자어도 없었으며, 경전을 보라거나 책을 읽으라고도 하지 않았다.

단지 무엇이든 나의 몸과 마음에서 나타나는 현상을 바라보고, 무엇을 보았든지 지켜보고, 정해진 시간에 스님과 면담하는 것이 전부였다. 대화를 하는 동안에도 스님들은 이렇게 해라 저렇게 해라 하지 않았다. 나에게 어떤 것도 강요하지 않았다. 모든 것은 나에게 달려 있었다. 수행을 하는 동안 나의 주인은 나였으며, 나 외에는 어떠한 의지처도 필요하지 않았다.

시간이 흐를수록 사이비 종교 단체일지도 모른다는 의심은 조금씩 빗나갔다. 나는 이곳에 대한 의문도, 가족과 세상을 등져야 할 필요도 더 이상 느끼지 못했다. 할머니의 염불 소리를 자장가 삼아 듣고 자란 나에게 이러한 가르침은 또 다른 불교와의 만남이었다. 붓다는 나에게 기도의 대상에서 스승의 자리로 옮겨가고 있었다. 이것이 내가 앞으로 가야 할 길이 아닐까.

옷이 아니라 도道를 입다

바라문이여, 실로 청정한 마음으로 붓다에 귀의하고, 법에 귀의하고, 승가에 귀의합니다. 이것이 다양한 의례와 적당한 제사를 통해 보시를 지속하는 것보다, 사원을 보시하는 것보다, 더 수월하고, 피해가 없고, 더 큰 과보와 이익이 되는 의식입니다. [2]

🪷 쉰 살을 훌쩍 넘긴 지금도 수행은 여전히 쉽지 않다. 세월이 흘러 나이를 먹었다고 해서 마음의 평온이 저절로 찾아오는 것은 아니다. 어린 시절 첫 수행의 기억이 떠오른다. 그때는 홀로 수행을 해내는 것도 버거웠지만, '수행자를 어떻게 바라봐야 하는지'조차 알지 못했던 미숙함이 있었다. 그 시절을 회상하면, 내 마음은 다시 그 먼 곳으로 생생하게 날아간다. "불교를 공부하려면 수행을 함께 해야만 한다"라는 아버지의 권유로, 나는 미안마로 향하게 된다.

미얀마 수도 양곤의 마하시 명상센터에서 지낸 지 한 달이 넘어 갔다. 출국 이후 한국 소식은 접하지 못했다. 핸드폰도 인터넷도 없던 때라 한국에 가는 인편에 부탁해 부모님에게 명상센터로 전화해 달라고 했다. 수행자들이 숙소로 돌아간 시간, 어둠이 내린 사무실에 홀로 앉아 전화벨이 울리기를 애타게 기다렸다. "따르릉, 따르릉." 그토록 기다리던 전화벨이 울렸다. 긴장과 설렘에 수화기를 들었다. "여보세요?" 아버지의 음성이었다. 한 달여 만에 하게 된 가족과의 대화, 그리웠던 목소리에 서둘러 대답했다. "여보세요? 예, 저예요!"

대답이 끝나자마자 아버지는 신중한 목소리로 나에게 물었다.
"계戒는 받았니?"
스님이 되었냐는 물음이었다.
"예, 받았어요. 지금 가사를 입고 있어요."

한국에 가는 인편에 편지를 보내고, 편지 안에 날짜와 시간을 적어 어렵게 연결된 통화였다. 그럼에도 불구하고 아버지는 비구계를 받아 스님이 되었는지를 먼저 물었다. 그리고 말을 이었다.

"스님, 건강하시지요?"
"예? 아, 네…."

아버지는 줄곧 존댓말로 나를 대했다. 정말 하고 싶은 말이 많았는데 아버지에게서 처음 듣는 존댓말이 당혹스러워 대답 이외에는 어떤 말도 할 수가 없었다. 곧이어 어머니가 수화기를 건네받았고, 또한 존댓말로 안부를 물었다. 하고 싶던 많은 말이 어디로 사라졌는지 입 밖으로 꺼낼 수가 없었다.

"스님, 한국은 잊고 정진하세요."
"아, 네…."

사무실에서 숙소로 돌아가는 발걸음이 무거웠다. 어두운 길을 걸으며 세상에 혼자만 남겨진 기분이었다. 하지만 서운함도 잠시, 곧 부모님의 의도를 파악할 수 있었다. 부모님은 내가 한국에 남겨 둔 세상에 대한 미련을 버리고, 수행에 전념해야 한다는 사실을 일깨워 주었던 것이다. 나에게 수행처를 떠나 그리워하거나 의지할 곳은 없었다. 이곳은 내가 수행에 전념할 수 있는 최적의 장소였다.

새벽 5시가 되면 좌선을 마치고 아침 식사를 위해 공양간까지 행선을 한다. 오른발이 바닥에 닿으면 '오른발'이라고 알아차리고, 왼발이 바닥에 닿으면 '왼발'이라고 알아차리며 걷는다. 아직은 어둠이 내려앉은 길을 희미한 가로등 불빛에 의지해 걷고 있었다. 그런데 걸을 때마다 뭔가 이상했다. 내가 걸어가면 반대편에 오는 사람들이 멀찍이 떨어져 있음에도 불구하고 발길을 멈추는 것이다. 내가 지나가서야 그들은 다시 걷기 시작했다. 멀리 있든 가까이 있든, 남자든 여자든, 한 명이든 여러 명이든 반대편에서 오는 사람들이 모두 발걸음을 멈추었다. 특이하게도 아침 공양을 가는 길에만 그랬다. 혹시 내가 모르는 규칙이 있는 것은 아닐까 하는 마음에 스님에게 물어보았다.

"스님, 제가 아침에 길을 걸어가면 사람들이 멈추어 섭니다. 그 이유가 무엇인가요?"
스님은 미소를 머금으며 말해주었다.
"내일 아침에는 네 그림자를 살펴보거라."

일반 수행자들은 가로등 불빛에 길게 드리워진 내 그림자를 밟지 않기 위해 멈춰서 기다린 것이다. 아니, 내가 아니라 가사를 입은 스님의 그림자를 밟지 않기 위해 멈춰 섰다. 가사는 승가僧伽의 상징이다. 수행자에 대한 존경은 수행의 첫걸음과도 같다. 그들은 그림자를 밟지 않으며 말없이 수행자를 지지해 주고 있었다.

나는 수행자의 역할과 책임의 무게를 조금씩 알아갔다. 가사를 입은 것은 단순히 옷을 갈아입은 것이 아니라, 나의 존재 자체가 불법(불교)을 상징하게 된 것이다. 부모님의 존댓말과 미얀마 사람들의 존경의 표현은 나에게 큰 가르침이 되었다. 그들은 수행자가 지녀야 할 마음가짐과 태도를 일깨워 주었고, 내가 가야 할 길을 더욱 분명히 보여주었다.

장애 없는 지혜는 없다

인내는 최고의 수행이고 열반은 최고의 행복이다. **3**

🪷 　　　온몸이 부들부들 떨렸다. 가사와 방석은 땀으로 흠뻑 젖었고, 눈에서는 눈물이 흐르기 시작했다. 이가 부서지도록 악물어 보지만 통증은 줄어들 기미를 보이지 않았다. 통증, 참으로 상대하기 어렵다.

　수행처에 도착한 지 보름이 지날 무렵, 열반을 성취하고야 말겠다는 강한 의지로 머리를 깎고 가사를 입었다. 하지만 수행은 뜻처럼 쉽게 되지 않았다. 가사를 입고 안 입고를 떠나 통증은 그저 통증으로 다가왔다. 허리, 무릎, 엉덩이, 발목에 통증이 시시각각 찾아왔다. 저림에서 시작된 통증은 말로 표현하기 어려울 정도로 나를 괴롭혔다. 온몸이 어떤 거대한 힘에 의해 끊임없이 찔리는 것만 같았다. 만약 고문을 당한다면 이럴까 하는 생각이 들었다. 통증이라는 공격은 나에게 쉴 틈을 주지 않았고, 자비가 없었다. 때와 장소를 구분하지 않는 무차별한 공격에 무너질 수밖에 없었다.

수행은 배운 대로 되지 않았다. 관찰 대상과 거리를 두고, 있는 그대로 관찰하라는 스승의 가르침은 사라지고, 나는 어느새 이를 악물고 있었다. 결국 수행은 관찰이라는 허울만 남기고 인내의 한계를 시험하고 있을 뿐이었다. 피할 수도 벗어날 수도 없었다. 회피하면 통증이 다시 온다는 사실을 너무나 잘 알고 있었기 때문이다. 실로 진퇴양난이었다. 내가 할 수 있는 일이라고는 참고 앉아 있는 것뿐이었다.

시간이 흐르자 새로운 변화가 일어났다. 통증도 지쳤는지 본래 모습을 서서히 드러냈다. 통증을 바라보려 애쓰지 않아도 통증이 자신의 모습을 보여주기 시작했다. 내 몸과 마음을 가득 채운 통증이 더 이상 숨을 곳을 찾지 못하는 것 같았다. 내 안이 통증으로만 가득 차 있었기에, 어떤 묘수로 피하지 않는 이상, 통증은 보일 수밖에 없었다.

서서히 드러나는 통증은 서로서로 달랐다. 귀에 거슬리는 통증이란 이름과는 다르게 다양한 모습을 하고 있었다. '저림', '쑤심',

'누름', '열기' 등 말로 표현하기 힘든 다양한 성질뿐만 아니라 때로는 가닥으로, 때로는 다발로 무리 지어 나타났다. 그 속도 역시 빠르고 느리고 매번 달랐다. 각각의 '쏘심'만 하더라도, 몇 가닥인지 얼마나 빠르게 나타나는지를 바라보고 있으면, 악물었던 이는 시나브로 풀렸다. 특히, 마음의 이완은 좀 더 편안한 상태에서 '쏘심'을 바라볼 수 있도록 도와주었다. 더 이상 '쏘심'은 참아야 하는 대상이 아니었다. 신기하게도 각각의 '쏘심'은 단 한 번도 같은 모습을 보여주지 않았다. 매번 다르게 나타나는 모습은 나의 관심을 더욱 자극했고, 지루할 틈 없이 놓치지 않고 바라볼 수 있게 해주었다.

'쏘심'은 일어남과 사라짐을 반복하고 있었다. 이들은 생멸生滅의 과정으로 변화하고 있었다. 땀과 눈물로 범벅이 되도록 나를 매몰차게 밀어붙이던 '쏘심'은 하나가 아니었다. 또한 '쏘심'도, 이를 바라보는 '마음'도 계속 변하고 있었다. '쏘심'이 일어나면, 쏘심을 '아는 마음'도 일어났다. 그리고 '쏘심'이 사라지면, 쏘심을 '아는 마음'도 사라졌다. 그뿐만이 아니었다. 통증은 나에게 집중력이라는 또 다른 선물을 주었다.

하나하나의 통증을 주시한 이후, 나의 집중력은 놀라울 만큼 올라갔다. 내가 원하는 부위를 마치 현미경으로 바라보듯 관찰할 수 있었다. 어두운 길을 걷다 손전등을 비추면 한곳이 뚜렷하게 보이듯, 원하는 부위에 마음을 보내면 그 부분이 선명하게 관찰되었다.

팔에 땀이 나면, 땀방울이 맺히는 시작부터 흐를 때까지 알아차릴 수 있었다. 피부에서 나오는 땀방울 개수까지 헤아릴 수 있을 것 같았다. 모기가 물 때면 주둥이를 피부에 꽂는 순간부터 뺄 때까지, 심지어 배를 들고 내리는 미세한 움직임까지 느낄 수 있었다.

통증은 마치 눈으로 바라보듯 알 수 있었다. 비유하자면, 중력에 의한 하중으로 몸은 뼈와 근육을 누르고 있었고, 근육은 혈관을 누르고 있었다. 눌린 혈관은 피를 원활히 흐르게 하지 못했고, 흐르고자 하는 피와 무게에 눌린 근육은 마치 창과 방패처럼 다툼을 시작했다. 이들의 다툼은 좀처럼 쉽게 끝날 기미를 보이지 않았다. 지속된 다툼은 열로 나타나고, 그 열은 머지않아 땀으로 표출되었다. 시간이 흘러 서로가 서로에게 조금씩 양보하자 새로운 길이 열렸다. 이제야 통증 하나가 사라진 것이다.

누구나 통증을 싫어하고 두려워한다. 아마도 이것 때문에 많은 사람들이 수행을 멀리할 것이다. 아이러니하게도 통증은 나에게 슬픔과 기쁨을 함께 안겨주었다. 참기 어려운 고통이었기에 괴로웠지만 그만큼 강한 대상이었기에 놓칠 수 없었다.

삶은 또 다른 온갖 시련으로 가득하다. 나에게 시련이 왔다는 것은 내가 성장할 수 있는 기회가 찾아온 것이다. 그 모습이 아직 아름답게 보이지 않을 뿐이다. 분명한 것은 나에게 다가온 시련은 내가 극복할 수 있기에 찾아온 것이다. 그렇기에 극복은 이미 정해진 사실과도 같다. 그 과정이 쉽지 않을 뿐이다. 비유하자면, 시련은 마치 풀기 어렵게 꽁꽁 묶어놓은 선물 같다. 처음에는 끈을 풀려고 손끝에 힘을 주고 이를 악문다. 조금씩 익숙해지면 묶인 매듭이 자세히 보인다. 그리고 자세히 보게 되면 작은 힘으로도 풀 수 있게 된다. 풀기가 어려워서 그렇지 풀고 나면 그 안에 귀중한 선물이 있다. 이 과정을 통해 나에게 소중한 능력이 쌓여간다.

시련 없는 선물은 없다. 장애 없는 지혜도 없다.

노력하는 것인가, 집착하는 것인가

갈애로 갈애를 제거한다.[4]

🪷 노력은 좋은 것인가, 나쁜 것인가. 집착은 좋은 것인가, 나쁜 것인가. 우리는 일반적으로 노력은 긍정적인 의미로, 집착은 부정적인 의미로 사용한다. 노력은 어떤 목적을 이루기 위해 애쓰는 것을 말하고, 집착은 어떤 것에 마음이 쓰여 잊지 못하고 매달리는 것을 말한다. 사전적인 의미를 보면, 무엇인가를 하고자 적극적으로 애쓰고 매달리는 마음이라는 측면에서는 별반 다르지 않은 것 같다.

명상을 진행하는 과정에서도 노력과 집착이 나타난다. 명상 자세 중에 좌선 자세는 잠에 들지 않으면서도, 이완으로 안정된 몸을 통해 집중을 유지할 수 있는 최적의 자세다. 물론 다른 명상 자세들도 상황에 따라 필요하지만 걷는 명상은 몸이 흔들리기에 안정감을 유지하기 어렵고, 누워서 하는 명상은 잠에 빠지기 쉽고, 서서하는 명상은 오랜 시간 진행하기 어렵다.

그러다 보니 좌선 자세는 마치 명상을 상징하는 자세처럼 인식되어 왔다. 하지만 좌선 역시 고정된 자세로 오래 있다 보면 다리와 허리뿐만 아니라 목과 어깨까지 통증을 유발한다. 의학적 관점으로 보면 좌선은 관절, 즉 몸에 무리를 가하기에 권하지 않는 자세다. 그럼에도 불구하고 명상에서 좌선은 매우 중요한 자세로 많은 수행처에서 권유하고 있다.

수행처마다 조금씩 다르지만 보통 하루 여덟 시간 정도의 좌선을 권한다. 내가 머문 수행처 한 곳은 새벽 4시부터 밤 9시까지, 좌선과 행선을 한 시간씩 반복하는 일정으로 이루어졌다. 결코 짧지 않은 시간이다. 하루는 좌선 중에 왼쪽 궁둥이 한 부분에서 쑤시는 듯한 통증이 느껴졌다. 이 통증은 좌선을 할 때마다 같은 자리에 반복적으로 나타났다. 눈을 뜨고 시계를 보니 좌선을 시작하고 약 45분 정도가 지나면 통증이 일어났다.

나는 이 통증이 너무 싫었기에 사라지길 바랐다. 결국 통증을 없애는 방법으로 '관찰'을 선택했다. 물론 자세를 바꾸면 이 통증이 사라진다는 것을 알고 있었다. 그러나 일시적으로 통증이 사라질 뿐 머지않아 다시 나타난다는 사실도 알았기에 통증을 직접 만나기로 결심했다. 나의 의도는 통증이 변화하고 사라지는 모습을 놓치지 않고 관찰하는 것이었다. 하지만 한 시간으로 정해진 좌선 시간이 너무 짧았다. 단체로 수행하는 공간에서 바로 이어 행선이 진행되기에 나만 혼자 앉아 있을 수가 없었다.

스승을 찾아가 좌선 시간을 늘리고 싶다고 말했다. 스승은 다른 사람들의 행선에 방해가 되지 않는 곳에 앉아, 한 번에 다섯 시간 이상은 지속하지 말라고 했다. 그런데 희한하게도 다섯 시간 이하로 앉으라는 말씀이, 적어도 다섯 시간은 앉아야 한다는 소리처럼 들렸다. 한 번의 좌선을 다섯 시간씩 유지하는 것은 쉽지 않았다.

먼저 아침이나 점심 식사 중에 하나를 포기해야 했다. 정오 이후에는 금식 규칙을 지켰기에 오후가 되면 배가 고팠다. 그래서 아침에 나오는 가벼운 죽이나 국수는 포기할 수 있어도, 점심밥만큼은 포기할 수 없었다. 결과적으로 새벽에 수행 홀에 나와 점심 식사 시간 전까지 앉아 있어야만 했다.

무엇보다 힘든 점은 통증을 직접 만나는 것이었다. 대략 45분 이후부터 나타나는 통증은 왼쪽 궁둥이 깊숙한 곳에서 시작해, 나를 찌르고 또 찔렀다. 통증이 싫어서 다리를 잠깐 들썩거리거나, 엉덩이를 살짝 움직여도 통증은 사라졌다. 심지어 몸에 미세한 움직임만 일어나도 통증은 바로 숨어버렸다. 그러면 다시 그 통증을 만나기 위해 45분 정도를 기다려야만 했다. 어쩔 수 없이 꼼짝달싹 못한 채 매번 다섯 시간씩 통증과 함께했다. 멋있게 표현해서 통증과의 직면이지, 실제로는 이를 악물고 무작정 버티는 것에 불과했다. 때로는 고문 중의 고문이라는 생각도 들었다. 얼마나 아픈지 온몸이 부들부들 떨리고 눈에선 눈물, 코에선 콧물, 입에선 침, 온몸에선 땀이 흘렀다. 이렇게 한 번 앉고 나면 가사가 흠뻑 젖었다. 시간이 흐르며 통증과 한 덩어리였던 나는 조금씩 통증으로부터 분리되기 시작했다. 가끔은 '통증은 있으나, 아파하는 자는 없다'는 사실을 경험할 수 있었다.

이렇게 매일 통증과 함께하던 중 문득 이런 망상이 떠올랐다. '나는 지금 노력하는 것인가, 집착하는 것인가?' 노력은 좋은 것이고 집착은 나쁜 것일 텐데, 지금 나는 잘하고 있는 것인지, 잘못하고 있는 것인지 구분하기가 어려웠다. 꾸준한 노력이라는 허울 좋은 포장 안에 강한 집착이 숨어 있음을 느낄 수 있었기 때문이다. 나는 집착을 버리고자 이곳까지 왔지만, 오히려 내 모습은 서둘러 한 소식 하겠다고(서둘러 깨달음을 얻겠다고), 성인聖人의 과위果位를 성취하고자 아주 강렬하게 매달려 있었다.

스승을 찾아가 이러한 망상이 일어났음을 전했다. 그리고 물었다. "지금 저는 노력하는 것입니까, 아니면 집착하는 것입니까?" 스승은 답했다. "수행을 하기 위해 하는 것은 노력이다." 스승에게서 분명한 답을 들었지만, 마음이 편치 않았다. 나는 스스로 내가 강하게 집착하고 있다는 사실을 알고 있었다.

시간이 흘러 그 통증이 소멸하는 모습을 볼 수 있었다. 그리고 지금까지 그 부위에 통증은 나타나지 않고 있다. 과연 노력과 집착의 차이는 무엇일까? 마치 풀지 못한 화두話頭(불교에서 참선 수행자가 깨달음을 얻기 위해 참구하는 문제, 즉 답을 찾으려는 깊은 의문이나 질문을 의미)처럼 의심만이 남아 있었다. 하지만 머지않아 이 답은 쉽게 찾을 수 있었다. 불교 경전에 이와 관련한 붓다의 가르침이 있다.

"갈애로 갈애를 제거한다."

'갈애'는 마치 목이 말라 애타게 물을 찾는 것처럼 '집착'하는 것을 말한다. 이제 수행을 시작한 자가 목적에 집착하는 것은 당연하다. 처음부터 집착이 없기를 바라는 것이 과욕일 것이다. 범부凡夫가 집착에서 벗어난 성인이 되기 위해, 집착을 가지고 수행하는 것은 당연하다.

이 집착의 결실을 이루기 위해, 더 깊은 집착을 제거하는 과정 역시 필수적이다. 마치 훌륭한 의사가 '독으로 독을 없애는 것'처럼[5] 우리는 집착으로 집착을 극복할 수 있다. 노력과 집착은 그 자체로 좋은 것과 나쁜 것이 아니다. 우리가 무엇을 하고 무엇을 향하느냐에 따라 달라지는 것이다.

싫어한다는 집착

갈애가 소멸하면 집착이 소멸하며, 집착이 소멸하면 존재가 소멸하고, 존재가 소멸하면 태어남이 소멸하며, 태어남이 소멸하면 늙음과 죽음, 슬픔, 비탄, 고통, 근심, 번민이 소멸한다. 이와 같이 해서 모든 괴로움의 다발들이 소멸한다.[6]

❀

'칼이나 톱으로 도려내고 싶다. 잘라버리고 싶다….' 미칠 것만 같았다. 차라리 죽으면 죽었지 더 이상은 견디지 못할 것만 같았다.

작은 뜀이 시작된 지 이 주째에 접어들었다. 이 작은 현상이 나를 이토록 괴롭히리라고는 예상하지 못했다. 왼쪽 눈 밑에서 '뜀'이라고 이름 붙일 만한 작은 진동이 시작되었다. 마치 맥박이 뛰듯 천천히 지속되었다. 몸과 마음이 고요해진 터라 반복적인 뜀은 쉽게 관찰의 대상이 되었다.

워낙 다양한 현상을 경험한지라 이 정도 진동은 하루 관찰거리도 안 된다고 여겼다. 그러나 본격적으로 들여다보기 시작하자, 생각만큼 쉽지 않았다. 맥박처럼 뛰는 이 현상은 짧고 빨라서 쉽게 잡을 수가 없었다. 현상이 계속 이어지면 관찰이 쉬울 텐데, 볼 만하면 없어지고, 없어진 듯하면 다시 나타나고 제멋대로였다.

게다가 얼굴, 그것도 눈 밑에서 팔딱거리는 게 여간 신경 쓰이는 것이 아니었다. 하루이틀이 지나고 사흘이 지나도 뜀은 사라지지 않자 분노가 치밀어 올랐다. 뜀은 제 모습을 쉽게 드러내지 않을뿐더러 쉽게 사라지지도 않았다. 스승을 찾아가 물어보았지만 늘 "자세히 들여다보라"는 일상적인 답변만 해주었다. 시간이 흐를수록 상황은 더 극심해졌다.

며칠 더 지나 참다못해 다시 스승을 찾아가 "미칠 것 같습니다. 어떻게 하면 좋겠습니까?" 하고 물었다. 스승은 내 괴로움은 안중에도 없는 듯 너무나 태연하게 "자세히 관찰하라"고만 했다. 미치고 팔딱 뛰겠는데 어쩜 저렇게 뻔한 말만 하시는 것인지 밉고 서운하기 그지없었다. 스승의 답변에 힘이 빠졌지만, 다시 눈 밑의 뜀을 바라보면 분노가 솟구쳐 올랐다.

또 며칠이 지났다. 칼이 있다면 눈 밑을 도려내고 싶었다. 톱이 있다면 목을 썰어버리고 싶은 지경에 달했다. 더 이상 극으로 요동치는 마음을 주체할 수가 없었다. 정말 큰일을 저지를 것만 같은 기분에 다시 스승을 찾아가 이를 악물고 말했다.

"미치겠습니다. 차라리 얼굴을 도려내고 싶습니다. 어떻게 할 수가 없습니다."

그때 스승은 내 눈을 바라보며 대답했다.

"그거 아직도 좋아하니?"

그러고는 스승은 더 이상 어떤 말도 잇지 않았다. 나는 이해할 수 없었다. '내가 이걸 좋아한다고?' 나는 다시 수행 홀로 돌아와 좌선을 시작했다. 이게 마지막이라고 생각했고, 공든 탑이 무너졌다고 생각했다. 그리고 스스로에게 잠시 되물었다. '내가 이걸 좋아한다고?'

정말로 이를 좋아하는 마음이 있는지 살펴보려 다시 눈 밑의 뜀을 바라보았다. 정말 신기하게도 이 뜀은 한 번의 팔딱거림을 마지막으로 종적을 감추었다. 스승이 나에게 "아직도 좋아하니?"라고 물은 것은 나의 집착을 의미했다. 나는 좋아한다는 이름으로 집착할 뿐만 아니라, 싫어한다는 이름으로도 집착하고 있었던 것이다. 오히려 싫어한다는 마음이 더 강한 집착을 만들었기에, 나는 집착으로 가득 차 그 현상을 있는 그대로 바라볼 수 없었다.

'이제야 알았다. 나는 싫어함에 더 집착하고 있었구나.'

우리는 긍정적인 경험보다 부정적인 경험에 더 많은 주의를 기울인다. 내가 싫어함에 집착했던 것도 이 때문이리라. 갈애가 소멸하면 집착이 소멸하고, 집착이 소멸하면 존재를 통한 괴로움이 소멸한다. 만약 괴로움에서 벗어나고 싶다면 '좋다'와 '싫다'에 머무르지 않아야 한다. 그 어느 쪽에도 마음을 두지 않고 그저 있는 그대로 바라봐야 하는 것이다.

목적은 같으나 길은 다르다

세존이시여, 이와 같이 다섯 가지 낮은 족쇄를 제거하기 위한 성인의 길이 있는데, 왜 어떤 비구는 심해탈을 얻고, 어떤 비구는 혜해탈을 얻습니까?
아난다여, 나는 사람들의 성향에 차이가 있기 때문이라고 말한다.[7]

❀ 미얀마 명상센터에서는 수많은 외국인 수행자들이 더위와 싸우며 정진하고 있다. 수행 공간에는 그 자리에서 몇 달간 수행한 이들부터 갓 들어온 초보자까지 함께했다. 고참 수행자들은 앉아 있는 긴 시간 안정적인 자세를 유지하는 것에 어려움이 없지만, 신참 수행자에게는 한 시간씩 다리를 접고 앉아 하루 여덟 번을 꼼짝하지 않는다는 것이 여간 어려운 일이 아니다. 버티고 버티다 어쩔 수 없이 움직이고 소리를 낼 수밖에 없고, 고요히 수행하는 이들의 심기를 건드리는 것이 사실이다.

하지만 모두들 경험했기 때문에 안다. 수행에 막 들어선 그들이 괴로워하는 모습을 볼 때면, 나무라지 않고 오히려 마음속으로 지지한다. '조금만 더 참으세요. 곧 적응이 될 거예요.' '누구나 경험하는 과정입니다. 기운 내세요.' 입 밖으로 내뱉지는 않지만 경험을 통한 공감으로 응원하는 것이다.

신참 수행자들이 들어온 지 열흘 정도가 지났음에도 불구하고 여전히 움직이고 부스럭거리면 그가 다른 사람을 배려한다거나, 수행자로서 인내하고 있다고 보기 어렵기에 개입을 하기도 한다. 서로 약속하지 않았지만 누군가가 그에게 다가가서 한마디를 던진다. "다른 사람들이 집중하고 있습니다." 모두 각자 나름의 장애들과 씨름하고 있기에, 다른 사람으로 인한 방해까지는 받고 싶지 않은 것이다. 특히, 그 사람이 인내력이 부족해 나와 타인에게 피해를 주고 있다면 더욱 그럴 것이다.

여러 수행처를 다니다 보면 몇 가지 공통적인 특징을 볼 수 있다. 수행처에 들어선 사람 중에 일주일에서 열흘 정도를 버티는 사람은 대부분이 안정된 모습으로 자리를 잡았고, 이 시간을 버티지 못하는 사람은 야반도주하듯 수행처를 떠났다. 당시 한국에서 온 오십 대 중반의 한 남성은 진지하게 수행을 하겠다고 단기 출가를 결심했다. 나는 먼저 이곳에 머물러 있었기에 그가 출가와 수행처 생활에 적응하도록 도우미 역할을 했다.

하루는 스승과의 대면 시간이 되어 그의 방을 찾아갔다. 문을 두

드렸지만 나오지 않았다. 방을 들여다봐도 보이지 않아, 혹시나 하는 생각에 수행처 입구의 경비 아저씨에게 "혹시 한국 스님이 외출을 하셨나요?"라고 물었다. 그러자 그 스님이 짐을 다 가지고 나갔다는 것이다. 나는 인사도 없이 홀연히 사라진 그에게 서운함을 느꼈다.

수행 생활에 적응하지 못하고 떠나는 사람들을 보며, 그저 인내심이 부족한 탓이라 여겼다. 그때를 돌아보면, 다른 사람이 수행처에 오고 나가는 일을 신경 쓰기보다는 내 수행을 버텨내기도 벅찼다. 나 역시 온갖 핑계를 대며 스스로 합리화하며 수행처를 떠났다. 나는 발우 하나를 어깨에 메고 미얀마를 돌아다녔다. 불교 성지나 사찰, 어디를 가든 출가한 외국인이라는 이유 하나만으로 극진한 대접을 받았다. 현대 문물에 익숙했던 나에게는 고행의 길이었으나, 불교 성지와 더불어 다양한 수행처를 방문한 일은 감동의 연속이었다.

그러던 어느 날 미얀마 중부 민잔 지역에 있는, 풀무질을 하는 듯한 거친 호흡으로 수행을 시작하는 순룬 위빠사나 수행처를 찾았다. 이곳은 위빠사나 수행법 중에서도 가장 어려운 방법으로 수행한다고 알려져 있다. 예를 들어, 처음 시작하는 수행자에게도 방석을 주지 않는다. 방석이 필요하다면 대자리 하나 정도를 준다. 그리고 한 번 다리를 접고 앉으면 100분 동안 꼼짝하지 않고 머물러야 한다. 50분은 강한 호흡을 하고, 50분은 몸의 감각을 알아차린다. 혹시라도 통증에 몸을 비틀거나 움직이면 큰 소리로 혼나기도 한다. 오죽하면 한 손으로 다른 한 손을 움켜쥐는 자세를 기본자세로 삼겠는가. 아파도 힘들어도 꼭 쥐고 참으라는, 어차피 아프기에 빨리 적응하라는 이야기다.

이 수행의 창시자는 순룬 큰스님으로 '깨달으신 분'으로 알려져 있다. 특히, 수행자를 위해 엄격한 지도를 펼친 것으로 잘 알려져 있다. 죽음을 맞이하기 전 "나를 위해 단 한 줌의 흙도, 단 한 가지의 나무도 사용하지 말라"는 말을 남겼다. 제자들은 유언에 따라 장례를 위해 화장도 매장도 할 수 없었다.

하지만 오히려 그의 법체에서 향기가 났다고 한다. 현재까지도 법체는 부패하지 않은 상태로 보존되어 있다. 나는 유리관을 열고 그의 법체를 직접 만져볼 수 있었다. 스님의 피부는 마치 북처럼 마른 가죽의 느낌이 났지만 윤기 있고 부드러웠다.

스님들과 잠시 인사를 나누고 단체 좌선을 하는 곳에 들어가자 눈에 익은 사람이 보였다. 나와 함께 양곤에서 수행하다 홀연히 사라진, 인내심이 부족하여 야반도주했다고 믿었던 그 수행자가 이곳에서 정진하고 있었다. 이곳은 양곤보다 훨씬 열악한 환경이었다. 그때 알았다. 수행은 하나의 목적(열반)으로 가는 길이지, 하나의 방법으로 가는 길이 아니라는 것을 말이다.

사람은 저마다 각자의 방식으로 다르게 살아간다. 성격도, 습관도, 심지어 살아온 결도 다르다. 그러니 자신에게 맞는 수행법도 다를 수밖에 없는 것이다. 어쩌면 다른 사람에게 내가 하고 있는 명상법을 제안하는 것 자체가 모순이리라. 그 방법이 맞지 않는 사람에게 참지 못한다고 인내심을 운운한 것은 나의 오판이리라.

붓다는 최고의 스승이라고 불렸다. 제자들에게 각자의 근기根機● 와 성향에 맞는 수행법을 알려주어서였다. 제자들 각자에게 맞는 수행 지도를 해준 덕분에, 그 시대 많은 수행자들이 깨달음을 얻었으리라고 생각한다.

여러 해가 흐르고 다시 미얀마를 찾았다. 순룬의 수행법에 진지하게 전념하고 싶었다. 서울에서 출발한 비행기는 늦은 밤 양곤 공항에 도착했다. 미얀마 특유의 향기가 오랜만에 나를 반기는 것 같았다. 짐을 찾아 입국장에 들어서자 두 명의 중년 남성이 론지(긴 치마)를 입고 영문으로 적힌 내 이름을 들고 서 있었다. 나를 데려가기 위해 수행처에서 나온 봉사자들이 늦은 시간까지 공항에서 기다리고 있었던 것이다.

수행처에 도착하자 늦은 시간을 알려주듯 입구는 굳게 닫혀 있었다. 문지기를 깨워 닫힌 문을 열고, 나의 무거운 짐을 옮기며, 한밤에 땀 흘리는 봉사자들에게 고맙고 미안한 마음이 들었다. 조금이라

● 불법을 이해하고 수행하는 개별적 능력을 말한다.

도 성의를 표현하고 싶어 달러를 봉투에 담아 "늦은 밤에도 불구하고 도와줘서 고맙다"라는 말과 함께 전했다. 하지만 그들은 난색을 표하며 거부했다.

"공덕을 쌓으려는데 왜 방해하시나요?"
"우리에게 갚는 방법은 여기서 열심히 수행하시는 것입니다."

나는 할 말을 잃었다. 내 짐을 숙소로 옮겨주고 그들은 홀연히 떠났다. 나는 불교 수행의 길은 다양하고, 각자의 근기에 맞는 방식이 있다는 것을 새삼 느꼈다. 진정한 수행은 특정한 방법을 고수하는 것이 아니라, 자신에게 맞는 길을 찾아 정진하는 데 있다는 것을 다시 한번 깨달았다. 그리고 봉사자들의 헌신적인 모습에 수행의 또 다른 형태를 보았다. 그들이 내게 전한 말들은 수행의 진정한 의미를 일깨워 주었다.

나는 새로운 마음가짐으로 이곳에서의 또 다른 수행을 시작했다. 자신에게 맞는 방법을 찾고자 홀연히 떠났던 수행자가 간 길은 어떤 길인지 확인하고 싶었다. 각자의 길을 존중하며, 또 다른 나의 길을 찾는 여정이 막 시작되었다.

좋고 싫음은 수행의 목적이 아니다

비구들이여, 여기 내적으로 성냄(악의惡意)이 있으면, '나에게 내적으로 성냄이 있다'고 분명히 안다. 또는 내적으로 성냄이 없으면, '나에게 내적으로 성냄이 없다'고 분명히 안다. 그리고 생겨나지 않은 성냄이 일어나면 바로 성냄이 일어났다고 분명히 알고, 생겨난 성냄이 사라지면 바로 성냄이 사라졌다고 분명히 안다. 그리고 이미 사라진 성냄이 이후에 일어나지 않으면, 바로 성냄이 일어나지 않음을 분명히 안다.[8]

꽃 사람에 따라 고수의 향은 호불호가 갈린다. 싫어하는 사람은 빈대 냄새가 나는 풀이라 꺼리지만, 좋아하는 사람에게는 없어서는 안 될 향신료다. 동남아 지역이 그러하듯이, 남방불교 수행처의 음식에도 대부분 고수가 들어간다. 내가 고수를 먹게 된 것은 수행처의 음식 덕분이었다.

처음에는 그 향이 좋지 않았다. 하지만 매 끼니 국과 반찬에 이미 가루처럼 들어 있는 고수를 빼낼 수는 없었다. 이렇게 매일매일 먹다 보니 어느새 적응이 되어 이제 고수 없는 쌀국수는 허전하다. 결국 고수 향을 좋아하고 싫어하고는 나에게 달려 있었다.

쉐우민 위빠사나 명상센터에서는 몸에 대한 관찰만으로는 부족하다며, 끊임없이 마음을 알아차리라고 제안한다. 특히 외부 대상은 문제가 아니고 내 마음이 문제이니, 자신의 마음 상태를 바라보라는 것이다. 처음에는 무슨 말인지 몰랐으나, 그 의미를 파악하는 데 그리 긴 시간이 걸리지는 않았다.

쉐우민 명상센터의 수행 방식은 마하시 명상센터와는 다르다. 자신이 육체적으로 경험한 것뿐만 아니라, 마음으로 느끼고 생각한 것까지 말로 전달할 수 있다. 수행처 안에서 독서를 하는 것도, 빨리 움직이는 것도 가능하다. 좌선 시간에 행선을 하고 행선 시간에 좌선을 해도 나무라지 않는다. 내 마음을 알아차리는 일을 최우선으로 해야 하는 것이다. 어떻게 보면 자유롭지만, 한편으로는 자유롭기에 스스로의 조절 능력이 절실히 요구되는 곳이다.

하루는 대면 시간에 한 수행자가 자신의 문제를 말했다. "저는 아침에 식당에 가는 것이 싫습니다." 스승은 그 이유를 물었다. "왜 싫습니까?" 그는 마치 따지듯이 자신의 불편함을 토로했다. "식당에 들어갈 때 나는 냄새가 역겨워서 식욕이 떨어집니다." 사실 나는 이 수행자의 불편함을 조금이나마 공감할 수 있었다. 식당 주변에서는 간혹 오래된 누린내와 고수 향이 어우러져 불쾌한 냄새를 풍길 때가 있었다. 아마도 이 수행자는 이러한 냄새를 없애달라고 스승에게 청하는 것이리라.

"아, 그렇군요. 그런데 어떤 사람은 식당에 들어갈 때 그 냄새를 맡고 식욕이 일어납니다. 냄새의 문제는 아닌 것 같네요."

스승의 대답에 수행자는 아무런 말도 할 수 없었다. 나 역시 머리를 한 대 맞은 듯했다. 우리는 어떤 문제가 생겼을 때 그 원인을 외부 대상으로 삼는다. 어떤 사람이 싫어지면 그 사람이 나쁜 사람이기 때문이고, 어떤 사람이 좋아지면 그 사람이 좋은 사람이기 때문이다.

그렇다면 내가 싫어하는 사람을 모두가 싫어할까? 또는 내가 좋아하는 사람을 모두가 좋아할까? 꼭 그렇지는 않다. 내가 불쾌하게 생각하는 사람이 누군가에게는 호감일 수 있고, 내가 좋다고 생각한 사람이 누군가에게는 불쾌한 사람일 수 있다. 결국 좋고 싫음의 근원지는 그 대상이 아니라는 것이다.

나는 그 사람이 왜 싫을까? 아마도 그 사람이 나를 무시했거나, 내 이익을 빼앗았거나, 내 뜻대로 움직여 주지 않았기 때문일 것이다. 만약 그 사람이 나의 말을 잘 듣고 내가 원하는 대로 해주는 사람이라면 싫을 리가 없다. 그 사람을 통제하고 싶었던 것이다. 상대가 내 뜻대로 움직여 주지 않자 불편한 감정이 들고, 내가 노력해도 변하지 않는 모습에 싫어진 것이다.

때로는 나의 노력으로 상대가 바뀐 것처럼 보이기도 하지만, 결국 그 변화는 상대가 스스로 마음먹고 움직였기에 일어난 일이다. 내가 들인 공에 비해 그 결과가 한없이 초라하다. 어쩌면 처음부터 불가능한 일을 내가 붙잡고 있었는지도 모른다.

그렇다면 그 정성을 나에게 쏟으면 어떨까? 내 뜻대로 될 리 없는 외부 대상을 바꾸려 하기보다 상대적으로 수월한 내 마음을 다스려보는 것이 어떨까? 지금 내 마음이 어떤지 살펴보고 마음을 다스리기 위해 애써보는 것 또한 하나의 수행이다.

"식당에 들어가기 싫어하는 마음이 일어났구나."
"저 사람을 보니 분노가 일어났구나."

싫어하는 냄새나 싫어하는 사람을 해결하려는 것은 쉽지 않다. 하지만 싫어하는 마음을 알고 다스리는 것은 상대적으로 수월하다. 다루기 어려운 외적 대상을 잡고 마음 쓰기보다, 다루기 쉬운 내 안의 대상에 마음을 두는 것이 한결 수월하다. 다시 말해, 바깥에 머무르는 대상을 바라보고 판단하는 것이 아니라, 내부에서 일어나는 마음을 알아차리는 것이 중요하다.

무소의 뿔처럼 혼자서 가라

외로울지라도

동료들과 지내거나, 서 있거나, 가거나, 거닐면 항상 요구가 많으니, 남이 탐내지 않는 자유로운 삶을 추구하며, 무소의 뿔처럼 혼자서 가라.

이익을 꾀하여 사귀고 또한 의존하니, 오늘날 조건 없이 사귀는 벗들은 보기 드무네, 자신의 이익에만 밝은 자는 청정하지 못하니, 무소의 뿔처럼 혼자서 가라.[9]

❀ 하루는 아버지가 선언을 했다.

"나는 이제부터 열흘간 잠을 자지 않고 수행에만 전념하려 한다. 화장실에 가는 것 외에는 방 밖으로 나오지도 않을 것이다. 너는 엄마가 없을 때, 내게 먹을 것을 준비해 주면 좋겠다."

아버지는 지도 제작자였기에❀ 우리 집에는 암실 역할을 하는 작

❀ 나의 아버지는 『茶毘 다비: 위빠사나 수행기』의 저자이기도 하다.

업실이 있었고, 이 공간을 개인 수행처 삼아 정진했다. 어머니는 외할아버지 병환으로 자주 출타했고, 방학을 맞이한 나는 누나들보다 여유로운 상황이었다.

아버지는 수행 중에 몸과 마음이 고요히 가라앉고, 머지않아 몸이 사라지고 마음만 남을 때가 되면 어디선가 갑자기 '툭' 하고 잔기침이 튀어나온다고 했다. 그러면 다시 몸이 경험되고 소멸로 나아가는 길이 깨진다는 것이다. 마음의 소멸까지 경험하는 것을 목표로 삼았기에 심각한 장애가 나타난 것이다.

특히, 순식간에 툭 하고 일어나는 기침은 너무 빠르기에 알아차리기도 어렵고 잡아내기도 어렵다고 했다. 이러한 반복적 현상을 분명히 파악하지 않고서는 수행의 진전이 어렵기에 일상과 잠을 거부하고 수행에만 전념하고 싶었던 것이다.

지금에서야 이러한 경험의 중요성을 알고, 아버지의 심정을 충분히 이해한다. 하지만 그 당시에는 받아들이기 어려웠다. 그저 아버지가 원하는 일을 지지해 주는 것이 내 역할이라고 생각했다. 때로는 식사 준비가 궂은일처럼 느껴지기도 했다. 하루가 지나고 이틀이 지나고 아버지는 스스로 선언한 일정을 지켜나갔다. 물론 방 안에서 잠을 잤는지 아닌지는 알 수 없으나, 방 밖으로는 나오지 않고 정진을 이어나갔다. 그리고 드디어 열흘간 집중 수행을 마치고 방

밖으로 나왔을 때, 아버지는 마치 긴 여행을 한 듯 지쳐 보였지만 얼굴에는 말로 형용할 수 없는 어떤 환희로 가득해 보였다. 몸은 마치 감옥에 갇히듯 작은 방 안에 있었지만, 마음은 깊고 넓은 내적 여행을 했던 것이 분명했다. 오랜만에 나온 아버지는 나를 보고 말했다.

"네가 한 번쯤은 들어와서 같이 앉을 줄 알았다."

예상치 못한 말을 듣자 죄송한 마음이 일어났다. 수행은 외롭다. 자기 자신을 의지처로 삼아, 외부에 의지하지 않고 혼자서 가는 길은 참으로 고독하다. 내 안의 과제를 해결할 수 있는 사람이 나밖에 없다는 사실은 그 자체만으로도 외로움으로 다가온다. 하물며 그 길을 '무소의 뿔처럼 혼자서 가야 하는 길'이 수행이다. 물론 이 외로움은 괴로움이나 회피가 아니다. 우리를 지혜롭게 하고 마음을 키워주도록 도와주기에 우리는 진정한 수행의 힘을 배울 수 있다.

더 나아가 외로움 속에서 키워낸 경험, 사랑, 용서는 우리의 커다란 자산이 된다. 물론 수행의 과정을 공감하고 지지해 줄 이가 있다면 더할 나위 없이 좋을 것이다. 이렇게 함께 수행하는 벗을 '도반道伴'이라 부른다. 이윽고 아버지가 한마디 덧붙였다.

"네가 준비해 준 음식 덕분에 장애를 극복하고 정진할 수 있었다. 나는 원하던 바를 얻었다. 힘이 되어주어 고맙구나."

나는 내 생각이 짧았음을 느꼈다. 아버지 곁에 같이 앉아 있지 못한 일에 죄송할 것이 아니라, 함께 앉을 기회를 놓친 것에 아쉬워했어야 했다.

수행은 참으로 외롭기에 누군가와 함께 수행할 수 있다는 것은 서로에게 커다란 행복이다. 그리고 좋은 스승을 만난다면 커다란 행운이다. 아버지의 의지를 흉내조차 내지 못하는 내가 부끄러울 때도 많지만, 아버지는 내게 최고의 스승이자 행운이다. 가장 어렵고도 가장 존경하는 분이 내 곁에 있음에 감사할 따름이다.

기쁨이라는 집착

> 그에게는 희열이 사라지고, 평온, 마음챙김, 그리고 알아차림으로 머문다. 그는 이제 평온과 마음챙김으로 즐거운 세 번째 선정을 성취하며 머문다.[10]

❀

누군가 뒤에서 내 머리를 돌리는 것 같았다. 나는 놀라 눈을 뜨고 뒤를 돌아보았다. 하지만 아무도 없었다. 다시 눈을 감고 앉으니 잠시 후 머리가 다시 왼쪽으로 돌아가기 시작했다. 나의 의도와는 전혀 상관없이 머리는 돌아갔고, 머리를 원위치로 해놓으면 다시 돌아가기를 반복했다. 처음에는 조금 두려웠지만, 시간이 흐를수록 흥미롭기까지 했다. 나는 지도 스님을 찾아가 물었다.

"스님, 머리가 저절로 돌아갑니다."

"돌아가면 돌아가게 두어라. 일부러 멈출 필요도 없다. 하지만 분명히 알아차리고 있어야 한다."

나는 그 말대로 머리를 원위치로 돌리지 않고 그냥 두었다. 머리는 왼쪽으로 돌기 시작해 사방으로 돌아갔고, 점차 예측할 수 없는 방향으로 돌 뿐만 아니라 흔들리기까지 했다. 머리가 어디로 갈지 전혀 예측할 수 없었다. 매일 같은 시간에 오랫동안 이어지는 좌선이 지루했기 때문에 나는 이 상황이 은근히 즐거웠다. 이른 새벽에 나와 '오늘도 종일 앉아 있어야 하나' 하는 생각뿐이었는데, 이러한 현상이 나타난 뒤로는 서둘러 앉고 싶어졌다.

하지만 곧 문제가 생겼다. 우선 함께 수행하던 도반들이 문제였다. 우리는 명상실에 둥글게 앉아 서로의 얼굴을 마주 보고 있었다. 특히, 나의 맞은편에 앉아 있던 오스트리아 수행자는 눈을 반쯤 뜨고(반개半開)● 수행하고 있었다. 마치 신들린 것처럼 종일 머리를 흔드는 나의 모습은 그 수행자에게 커다란 장애였을 것이다. 아니나 다를까, 며칠이 지나자 그는 나를 등지고 돌아앉아 면벽面壁●●을 했다. 다음 날이 되자, 나를 제외한 모든 수행자가 벽을 향해 앉았다.

● 불교 수행에서 눈을 완전히 감거나 뜨는 것이 아니라 반쯤 뜬 상태를 말한다. 이는 수행 중에 지나친 졸림이나 산만함을 막고, 외부 자극을 완전히 차단하지 않으면서도 마음을 집중하도록 돕는 균형 잡힌 상태.

●● 벽을 마주 보고 앉아 수행하는 것을 의미한다. 단순히 벽을 바라보는 신체적 행위일 뿐만 아니라, 번뇌와 마음의 흔들림을 막고 마음을 벽과 같이 굳건하고 고요하게 만드는 정신적 수행 방법이다.

나의 머리 흔들기가 명상실의 좌선 방향을 벽으로 바꾼 셈이다. 덕분에 나도 슬며시 뒤로 돌아앉아 마음껏 흔들 수 있었다. 그들 모두 나의 행동이 불편했을 것이다. 그리고 각자의 수행에 방해가 되는 것이 분명했지만, 내게 아무런 말도 하지 않는 것이 참으로 미안하고 고마웠다. 오히려 나를 나무라기보다 지지해 주는 듯했다. 다시 지도 스님을 찾아가 물어보았다.

"스님, 머리가 계속 돌아갑니다. 멋대로 돌아가다가 심지어 마룻바닥까지 치고 내려가고, 갑자기 들어 올려지고, 전혀 예측할 수 없는 방향으로 빠르게 흔들리고 있습니다."

"그냥 두어라. 일부러 멈출 필요 없다. 하지만 분명히 알아차리고 있어야 한다."

전과 같이 그냥 있는 그대로 두고 알아차리라는 것이다. 만약 내가 우리나라의 어느 깊은 산중에 들어가 이렇게 머리를 흔들며 앉아 있었다면 어땠을까? 아마도 신내림을 받은 사람으로 보였을 것이다. 하지만 스승의 가르침이 있었기에 두려움 없이 마음 놓고 행할 수 있었다.

분명히 스님도 나의 행동으로 다른 수행자들이 방해받고 있다는 사실을 알고 있었을 텐데 일부러 멈추지 말라고 지도했다. 나였다면 과연 다른 사람의 수행에 방해가 되는 사람에게 멈추지 말고 계속해도 좋다고 이야기할 수 있었을까? 쉽지 않았을 것이다. 나는 스승과 도반들의 배려로 머리 흔들기를 충분히 경험할 수 있었다.

　이 현상은 보름 동안 계속되었다. 하루 여덟 시간의 좌선 시간 대부분을 머리를 흔들며 보냈다. 하루하루가 지날수록 즐겼던 마음은 온데간데없이 사라지고 지치고 힘들었다. 심지어 하루 수행을 마치고 방으로 돌아갈 때면 걷기조차 버거웠다. 오후에는 금식한 채 하루 여덟 시간씩 15일간 춤을 췄다고 생각하면, 이 고된 시간을 이해할 수 있을 것이다. 이제는 흔들리는 나 자신이 지치고 지루하고 싫증이 났다. 이로부터 벗어나고 싶었고, 멈추고 싶었다. 이제야 비로소 제대로 알아차리는 방법이 무엇인지 고민하게 되었다.

　나는 움직임을 제대로 알아차리기보다, 탄력을 받아 돌아가는 머리를 따라가기에 바빴다. 게다가 움직임을 즐기고 있었고, 한발 늦은 따라감의 반복이 알아차림을 유지하는 것이라 생각했다. 나는 머리가 흔들리든 말든, 가능한 움직임의 시작점을 찾기 위해 노력했다. 어디서부터 시작하는지 감각을 찾고, 그 자리가 변하고 사라지는 것을 알아차렸다. 그러자 거짓말처럼 흔들림이 멈추었다.

　"스님, 이제 머리가 흔들리지 않습니다. 그리고 알아차림을 어떻게 하는 것인지 조금 알 것 같습니다."

　"네가 경험한 것을 희열喜悅이라고 부른다. 수행자가 몸과 마음이 고요해지면 나타나기도 하는 현상이다. 그리고 네가 몸을 흔든 것은 몸이 고요해지는 속도와 마음이 고요해지는 속도의 균형이 맞지 않았기 때문이다."

스님은 나의 경험을 이미 알고 있었다. 내게 신이 내린 것도 아니고 신비한 경험이 아니라는 것도 알고 있었다. 다만, 내가 스스로 답을 찾기를 기다려 준 것이다. 이제 나는 어떤 특별한 경험도 두렵지 않다. 마치 지층에 불균형이 생기면 지진이 일어나고, 지진이 일어나면 흔들리는 것과 같은 원리가 아니었을까 생각해 본다. 『청정도론』은 희열에 대해서 다섯 가지로 설명한다.

"희열은 다섯 가지가 있다. 작고 미세한 희열, 순간적인 찰나의 희열, 반복적으로 일어나는 희열, 뛰어오르는 듯한 희열, 가득 충만한 희열이다. 작고 미세한 희열은 몸의 털을 곤두서게 할 수 있다. 순간적인 찰나의 희열은 번갯불처럼 찰나의 순간에 일어나는 것이다. 반복적으로 일어나는 희열은 해안의 물결처럼 자주 몸에서 나타나고 사라지기를 반복한다. 뛰어오르는 듯한 희열은 몸을 들어올려서 공중으로 뜰 듯이 만들어준다. 가득 충만한 희열은 온몸을 두루 적신다. 마치 몸에 가득한 물처럼, 심한 홍수가 산속의 동굴에 들어찬 것처럼."[11]

하지만 이러한 희열도 더 높은 수행 단계로 가면 멈춘다. 선정禪定*의 경우 색계色界 세 번째 선정에 들면 희열은 멈춘다. 희열감은 수행하고 싶은 마음을 장려한다. 그래서 첫 번째와 두 번째 선정에서는 왕성하지만, 세 번째 선정이 되면 멈춘다. 다시 말해, 수행자가 희열에 집착하면 더 고요하고 평온해지는 세 번째 선정을 성취할 수 없다. 수행이 발전함에 따라 수행자는 더 이상의 희열이 주는 기쁨에 집착하지 않는다.

나는 그동안 수행 중에 특별한 경험을 하면 좋은 것이라 생각했다. 그리고 누군가 특별한 경험 이야기를 하면 내심 부럽기도 했다. 하지만 아무리 진귀해 보이는 현상도 반복되면 장애가 된다는 것을 알게 되었다. 같은 경험이라도 내가 어떤 자리에서 바라보느냐에 따라 집착의 대상이 될 수도 있고, 염오의 대상이 될 수도 있다.

● 붓다의 시대 선정이란 감각적 욕망, 성냄, 혼침과 졸음, 들뜸과 후회, 회의적 의심이라는 다섯 가지 장애를 극복하고, 집중을 통해 심신이 고요해진 상태를 말한다. 고요함의 정도에 따라 몸의 고요함 4단계(색계 사선: 초선, 이선, 삼선, 사선)와 마음의 고요함 4단계(무색계 사선: 공무변처정, 식무변처정, 무소유처정, 비상비비상처정)가 있다. 선정의 성취는 고요함을 통해 현상을 있는 그대로 볼 수 있는 조건이 된다.

경험에 집착하면 멈추게 될 뿐이다

그는 이렇게 안다. '내가 경험한 선정은 만들어진 것이고, 의도된 것이며, 변화하고, 제거되고, 사라지고, 소멸하는 현상을 지니고 있다.' 이렇게 보는 수행자에게는 '나는 이것을 기뻐하지도, 집착하지도 않을 것이다'라는 생각이 일어난다.[12]

미얀마 마하시 명상센터에 들어온 지 일주일쯤 되었을 때였다. 눈을 감고 앉아 지루한 시간을 보내고 있었다. 그런데 갑자기 몸이 가벼워지면서 무거웠던 어깨, 저리고 쑤시던 허벅지와 종아리가 마치 솜털처럼 가볍게 느껴졌다. 몸이 위로 점점 떠오르는 것 같았다. 그 찰나에 '아, 드디어 내가 공중 부양을 하는구나'라는 생각이 스쳐 지나갔다. 몸은 점점 위로 올라가듯이 떠올랐다. 이렇게 계속 오르면 하늘을 날 수도 있지 않을까.

감고 있던 눈 안이 점점 밝아졌다. 처음에는 작은 점에서 시작한 빛이 점점 커지더니 사방이 환해졌다. 내 시야에는 밝고도 맑은 빛 외에는 아무것도 없었다. 그러던 중에 꽃향기가 느껴졌다. 말로 표현하기 어려울 정도로 좋은 향기가 내 코를 가득 채웠다. 나의 몸은 가벼워 하늘로 오르고, 사방은 빛으로 가득하며, 세상은 꽃향기로 가득했다. '이래서 명상을 하라고 하는 거구나.' '우리 아버지가 나에게 이런 경험을 해보라고 그렇게 명상을 시키셨구나.' 별의별 생각이 다 일어났다.

잠시 후 나의 몸은 다시 무거워지고, 눈앞은 깜깜해졌으며, 향기도 사라졌다. 다음 날, 나는 그 경험을 다시 하기 위해 서둘러 명상 홀로 나갔다. 그런데 내가 앉았던 자리에 다른 수행자가 앉아 있는 것이다. '아, 저 자리가 내 자리인데, 저 자리에 앉아야 하는데….' 게다가 어제 그 경험을 할 때 앉았던 방석이 보이지 않았다. 또 다른 수행자가 이미 그 방석을 쓰고 있는 것이다. '내가 저 방석을 써야 하는데….' 내일은 더 빨리 나와서 자리와 방석을 챙겨야겠다고 다짐했다.

하지만 그 자리와 그 방석을 차지해도 그날의 경이로운 경험은 다시 오지 않았다. 매일 같은 자리와 방석을 쓰고, 그때와 같은 시간에 앉아서 어깨도 위로 들어 올려보고, 눈도 감았다 떴다 해보고, 코를 킁킁거리며 애써보았지만 아무런 경험도, 아무런 느낌도 얻지 못했다. 나는 앉아서 명상이 아닌 기도를 하기 시작했다. '다시 해야해! 그 경험이 안 되면 내 수행은 퇴보한 것이야. 다시 해야만 해!'

30년 가까이 지난 지금까지도 그와 같은 경험은 다시 할 수 없다. 그 짧은 순간의 경험이 나에게 남긴 집착은 실로 대단했다. 수행처에서 나를 한 달 가까이 괴롭혔다. 가끔 지금도 그 순간이 생각난다. 물론 새롭게 나타난 경험들이 그 자리를 메워주었기에 벗어날 수 있었는지도 모른다.

　수행자들은 수행 중에 다양한 경험을 한다. 눈앞에 천연색 광경이 펼쳐지기도 하고, 하늘을 날아다니며 풍광을 즐기기도 한다. 명상 홀의 닫힌 문에서 빛이 뚫고 나오기도 하고, 어떤 형상이 눈앞에 나타나서 내게 말을 걸고, 심지어 대화를 하기도 한다. 턱 밑에 배가 붙어 있기도 하고, 발목의 통증이 내 눈앞에 떠 있기도 하며, 내가 내 몸 밖으로 나와 나를 바라보기도 한다. 부드럽던 호흡이 빨래판을 긁듯이 거칠게 느껴지고, 개처럼 할딱거리는 듯한 호흡을 경험하기도 한다. 몸의 하체가 사라지기도 하고, 상체가 안 느껴지기도 하며, 때로는 몸의 반쪽만 남아 있기도 한다. 마음으로 알아차리는 현상마다 그 순간에 사라지고, 들숨은 못 느끼고 날숨만 느끼기도 한다. 호흡이나 몸이 사라지기도 하며, 깜빡 종전의 기억을 잃기도 한다.

　물론 이러한 경험들은 수행의 진행에 따라 나름 의미를 지니지만 동시에 수행자에게 강한 두려움과 집착을 남기기도 한다. 마치 굶주린 사자가 먹이에 집착하듯이 수행자는 자신의 특별한 경험에 매달린다. 이러한 집착은 수행의 목적을 잃은 상태라 볼 수 있다. 특히, 불교 수행은 모든 것은 변하고 그 안에 '나'라고 할 만한 것이 없다는 사실을 알기 위해 한다.

하지만 수행 과정에서 경험하는 신비한 체험은 '나라는 위대한 존재가 있다'라는 생각을 확신하게 만든다. 이러한 집착을 가지고 있으면, 더 이상 수행의 진전은 없다. 그저 그런 수행의 경험을 추억 삼아, 과거에 찬란한 수행력이 있었다는 착각을 보석처럼 간직하고 있을 뿐이다. 수행은 지금 이 순간에 경험하는 것이지, 과거의 경험을 회고하는 것이 아니다.

예를 들어보자. 수행자가 만약 다음과 같이 열 가지 현상들을 경험한다면, 그것은 좋은 경험일까, 나쁜 경험일까? 첫 번째 광명은 마음속에서 강한 빛이나 환한 광채를 경험하는 것이고, 두 번째 지혜는 예리한 이해력, 깊은 의미를 꿰뚫는 듯한 통찰이 생기는 것을 말한다. 세 번째 희열은 몸의 전율이나 흥분, 강한 희열을 느끼는 것이고, 네 번째 평안은 몸과 마음이 아주 안정되고 편안해지는 것이다.

다섯 번째 즐거움은 행복감이나 즐거운 느낌이 일어나는 것이고, 여섯 번째 확신은 자신의 수행에 대한 믿음이 강해지는 것이다. 일곱 번째 노력은 수행에 더 전념하게 되는 것이고, 여덟 번째 현기現起는 마음챙김이 확고하고 흔들리지 않는 것을 뜻한다. 아홉 번째 평정은 나타나고 사라지는 현상들에 평정심이 생기는 상태이며, 마지막 열 번째 욕구는 이러한 현상들에 대한 미세한 집착과 욕망이 일어나는 것을 의미한다.

무엇보다 이러한 열 가지 현상들은 잘못된 수행을 하거나 게으른 수행자에게는 나타나지 않는다. 꾸준히 부지런하게 수행한 자에게만 나타난다.

내가 이러한 경험을 한다면 좋은 일일까? 이는 열 가지 번뇌, 즉 십관수염十觀隨染이라 불린다. 마음을 혼란스럽게 하여 해탈에 이르는 길에 방해가 되는 열 가지 장애물이라는 뜻이다. 이것들은 위빠사나 수행자가 지혜를 계발하는 과정에서 나타난다.[13] 아무리 좋은 경험이라고 할지라도 집착하면 결국 장애물이 된다.

명상과 관련된 일을 하다 보니, 가끔 낯선 수행자들이 대학교 연구실을 찾아오기도 한다. 대부분의 방문자는 나의 수행 경험을 묻는 것에서 시작한다. 아마도 자신의 수행 경험을 공유할 수 있는 사람인지를 확인하려는 것일 테다. 시간이 흐르고 어느 정도 신뢰가 쌓이면 자신의 경험과 고민거리를 조심스레 꺼내 놓는다. 자신의 수행에 진전이 없음을 하소연하기도 하는데, 문제는 자신의 경험과 수행력을 자신이 판단하고 있다는 점이다. 특히, 과거에 경험한 현상과 현재의 상태를 비교하며 자신의 수행이 퇴보하고 있다고 평가한다.

"교수님, 예전에는 수행이 잘되었는데 이제는 안 돼요."
"예전에는 어떻게 잘되셨는데요?"

"음, 제가 앉기만 하면 빛도 보이고, 몸도 가벼워지고, 수행 시간도 빨리 지나갔는데…."

"언제 그런 경험을 하셨나요?"

"한 20년 되었습니다."

이처럼 수행 도중에 특별한 현상을 경험하게 되면, 이러한 현상에 집착하게 된다. 그러면 욕망이 나의 마음에 있는지 잘 살펴봐야 한다. 조금이라도 집착하는 마음이 있다면, 이를 번뇌로 알아차리고 벗어나야 한다. 특별한 현상이 문제가 아니라, 집착이 문제인 것이다. 그리고 특별한 현상은 쉽사리 집착의 먹이가 된다.

2부

—

세 가지 훈련

붓다가
세 겹의 길을 제시하다

뿌리, 이완, 계학 戒學

북채로 북을 치면 '둥, 둥, 둥' 소리가 난다.
'둥, 둥, 둥' 소리는 북에서 나는 것일까, 북채에서 나는 것일까?

만약 북에서 난다면 북 혼자서 그 소리를 내야 한다.
만약 북채에서 난다면 북채 혼자서 그 소리를 내야 한다.

'둥, 둥, 둥' 소리는 북과 북채가 서로 만나야지만 난다.
'둥, 둥, 둥' 소리는 북과 북채가 서로 만난 순간에만 난다.

싫어하는 저 인간을 만나면 내 가슴에서 '둥, 둥, 둥' 소리가 난다.
그런데 다른 사람은 저 인간을 만나도 '둥, 둥, 둥' 소리가 안 난다고 한다.

내가 북인지 북채인지는 모르겠으나
아마도 '둥, 둥, 둥' 소리는 나랑 같이 만들었나 보다.

모든 것은 서로 연하여 일어난다.[1]

나누는 수행, 채우는 마음에 대한 성찰

나는 다음과 같이 설한다. 만약 어떤 사람이 하수구에서 음식이 남은 그릇이나 항아리를 씻으며 '아마도 이곳에 있는 어느 생명체는 이 음식을 먹을 수 있을 거야'라고 생각한다면, 그것만으로도 덕을 쌓는다고 한다. 하물며 다른 사람에게 보시를 한다면 그 얼마나 큰 덕이 되겠는가.[2]

"그대의 먹는 모습은 참 야박해 보입니다."
"다른 사람들이 어떻게 먹는지 한번 보세요."

미얀마의 수행처에서 어느 노스님이 내가 밥 먹는 모습을 보고 나무랐다. 사실 음식이 입에 맞지는 않았지만, 식사를 할 수 있음에 감사하며 최선을 다해 먹었다. 하지만 야박하다는 말을 들으니 당혹스럽기만 했다.

미얀마의 스님들은 탁발托鉢이란 것을 한다. 탁발은 커다란 그릇을 들고 절 밖으로 나가 음식을 구걸하는 것을 말한다. 이른 아침 스님들은 머리와 발만 보이게 온몸을 가사로 휘감고, 발우라 부르는 그릇을 들고 행렬을 하듯이 줄을 서서 맨발로 마을로 나간다.

지정된 장소에 가면 마을 사람들이 밥과 반찬을 가지고 나와 스님들의 그릇에 음식을 담아준다. 이렇게 모아온 음식은 자신이 먹기도 하고, 상황에 따라 한데 모아 나누어 먹기도 한다. 수행처에 스님이나 수행자가 많은 경우는 탁발한 음식으로 모자라기에 절 안의 부엌에서 신도들이 음식을 만들어 함께 먹기도 한다.

이는 스리랑카, 미얀마, 태국, 라오스, 캄보디아 등에서 전통적으로 이어지고 있다. 이곳의 불교를 "스승의 가르침을 따른다" 하여 '상좌부불교'라고 부르고, 적도 중심의 지리적 위치에 따라 '남방불교'라고도 부른다. 또한 이들은 오후불식의 규칙을 지킨다. 하루에 한 끼 이상 구걸하는 행위는 마을 사람들에게도 수행자에게도 부담이 되기에, 정오 이후에는 음식을 취하지 않고 수행에 전념하는 것이다. 또한 농사를 짓거나 섭식을 위해 노동하는 것도 금지한다. 결국 먹기 위해 탁발을 하다 보니 신도가 주는 대로 먹어야 하고, 때로는 육식도 일부 할 수 있다.

이들이 먹을 수 있는 고기를 삼정육三淨肉이라고 부른다. 삼정육이란 자기를 위해 죽이는 것을 보지 않았고, 자기를 위해 죽였다는 소리를 듣지 않았고, 자기를 위해 고의로 죽였다는 의심이 없는 고기를 말한다. 즉, 깨끗한 생선과 고기가 탁발로 주어졌을 때 먹을 수 있다. 예를 들어, 어느 집에서 자신들이 먹기 위해 닭고기 요리를 했고, 지나가던 스님이 그 음식을 받아먹는 것은 문제가 되지 않는다.

반면에 동북아시아의 불교는 '대승불교'라고 부르며, 한국, 일본, 중국 등이 이에 해당한다. 동북아시아는 겨울이 춥고, 절이 주로 산속에 자리하고 있어 스님들이 맨발로 마을까지 내려와 탁발하는 것은 불가능했다. 게다가 신도들 역시 먹고 살기가 어려워 탁발 자체가 부담이 되었기에, 스님들은 스스로 농사를 짓고 음식을 준비해야만 했다. 그러다 보니 육식과는 멀어졌고, 노동을 해야만 했기에 오후에도 식사를 하게 되었다.

한국의 절에서는 발우공양을 통해 음식을 남기지 않을 뿐만 아니라, 다 먹은 후에 김치 조각을 남겨 마치 설거지하듯이 그릇에 담긴 음식을 닦아 모으고 닦은 물까지 마신다. 그리고 다시 그릇을 물로 행군 후 그 물마저 모아 나무에 준다. 처음 먹을 때는 비위가 좀 상했지만 나중에는 이 또한 익숙해졌다.

한국 절의 발우공양에 익숙한 나는 미얀마 절 안에서도 내 발우에 담긴 음식을 모두 먹었다. 물을 담아 닦아 마시기까지는 못했지만, 나에게 주어진 음식이 귀하다는 마음에 남기지 않으려고 최선을 다했다. 이것이 소중한 음식을 주신 분들에 대한 감사와 예의이고,

수행자가 지녀야 할 태도라고 생각했다. 하지만 정작 내가 들은 소리는 "먹는 모습이 야박하다"라는 것이었다. 나는 노스님의 말대로 다른 스님들은 어떻게 음식을 먹는지 관찰했다. 어떤 스님은 커다란 발우에 밥과 반찬을 잔뜩 담아 비빔밥처럼 비벼 맛있게 먹었다. 그런데 음식의 반만 먹고 나머지 반은 그냥 발우에 담은 채 식당 밖으로 나가는 것이었다.

나는 속으로 '저 스님은 오후불식이 많이 힘드신가 보다', '남은 음식을 가져가 저녁에 몰래 드시려나 보다', '음식 상할 텐데' 등 별의별 생각을 하다, 혹시나 하는 마음으로 스님의 뒤를 따라갔다. 스님은 자신의 숙소로 바로 가지 않고, 커다란 나무 밑 우물이 있는 수풀 쪽을 향했다. 스님이 발걸음을 멈추자, 주변에 있던 새들과 개, 고양이가 다가왔다. 스님은 발우에 남은 음식을 동물들에게 나눠 주고 우물에서 발우를 깨끗이 씻은 후에 숙소로 돌아갔다. 잠시 후, 또 다른 스님도 우물가로 와서 음식을 주고 있었다.

나는 귀한 음식을 대하기 위해 '남기지 않는 것'을 선택했고, 그들은 귀한 음식을 대하기 위해 '나누는 것'을 선택했다. 혼자 취하는 것이 아니라 함께 나누는 것, 그리고 이러한 마음이 들 수 있게 충분한 음식이 제공되는 것, 어쩌면 이것이 진짜로 잘 사는 삶이라고 볼 수 있지 않을까.

다음 날부터 나도 음식을 넉넉히 담고는 적당히 먹고 동물들에게 주었다. 그럴수록 내 마음속에는 무언가가 차오르는 듯했고, 외국에 홀로 있다는 외로움도 사라지는 듯했다.

불교에서 보시는 자비의 마음으로 다른 이에게 베푸는 행위를 의미한다. 그리고 보시받은 것을 다시 보시하는 행위는 순환적인 나눔의 실천이라고 할 수 있다. 비록 먹다 남은 음식을 나누는 일이었지만, 이러한 실천은 마음을 더없이 풍성하게 만들어주었다. 베푸는 마음과 행위가 곧 진짜로 잘 사는 삶이리라.

어떤 마음으로 '선'을 행할 것인가

어떤 경우에 베푸는 사람도 깨끗(청정)하고 받는 사람도 깨끗한 보시가 이루어질까? 베푸는 사람이 계율을 잘 지키고 선한 성품을 지니고 있고, 받는 사람도 계율을 잘 지키고 선한 성품을 지니고 있을 때, 이 경우가 베푸는 사람도 깨끗하고 받는 사람도 깨끗한 보시다.[3]

초기불교를 공부하기 위해 스리랑카 수도 콜롬보에서 유학 생활을 시작한 나는 쉽지 않은 시간을 보냈다. 스리랑카는 인도 남부에 위치한, 한국의 약 3분의 2 크기 정도인 섬나라로, 적도 근처에 있어 매우 덥고 습하다. 경제적으로 어려운 나라였지만, 기원전 3세기 무렵 인도에서 불교를 받아들여 현재까지 유지하고 있어 초기불교 연구에서 중요한 자리를 차지한다.

잘 갖춰진 한국 생활이 익숙한 나는 스리랑카의 생활이 녹록지 않았다. 더운 날씨뿐만 아니라 내전으로 인한 자살 테러와 하루에 제한된 전기 사용은 끔찍하기 그지없었다. 더군다나 수업은 잘 들리지도 않는 영어로 진행되어 내용을 이해하기 벅찼고, 인도 고대어인 빠알리어와 산스크리트어로 된 경전을 익히기에는 시간이 턱없이 부족했다. 거의 모든 수업을 휴대용 카세트로 녹음하고, 집에 오면 녹음테이프를 여러 번 들어야만 수업 시간에 놓친 필기를 할 수 있었다.

하루 세 끼를 챙겨 먹기에는 공부할 시간이 없었다. 한국 음식을 먹는다는 것은 그야말로 사치였다. 실제로 된장이나 고추장을 파는 곳도 없었다. 시간과 경비를 아끼기 위해서는 최대한 빨리 이곳 현지 생활에 익숙해져야만 했다. 밥과 국보다는 카레, 커피보다는 홍차, 툭툭이보다는 버스로 현지인들이 먹는 음식, 차, 그리고 대중교통에 서둘러 적응하려고 노력했다. 홍차는 달달한 맛과 향이 나름 좋았고, 카레는 '달Dal'이라는 녹두카레가 입에 맞았다.

하지만 버스는 정말 적응이 어려웠다. 버스 정류장임에도 불구하고, 버스가 온전히 멈추지 않은 상태에서 그대로 뛰어 타거나 내려야 하는 경우가 종종 있었다. 특히 무더위에 에어컨이 없는 버스, 그 안에서 콩나물시루처럼 꼼짝달싹도 못하고 땀에 섞인 체취까지 흠뻑 맡고 나면 멀미와 두통이 가시지를 않았다. 결국 버스는 포기하고 자전거로 다니게 되었다.

현지 쌀은 동글동글하게 생겼다. 쌀보다는 율무에 가까운 모습이다. 밥을 해놓으면 찰기가 없고 훌훌 불면 날아갈 듯 가벼웠다. 무엇보다도 적응하기 어려웠던 건 고약한 냄새였다. 신기하게도 카레를 섞으면 그 냄새는 사라졌지만, 내게는 현지 쌀로 카레 요리를 만드는 것이 어려웠다. 밥이라도 입에 맞는 것을 먹자는 생각에 큰마음 먹고 비싼 일본 쌀을 샀다.

그러던 어느 날, 냉장고에 쌀을 보관하지 않았더니 쌀벌레가 생기고 말았다. 이제라도 냉장고에 넣을까 하다, 그럼 쌀벌레가 죽기에 그럴 수는 없었다. 문득 뜨거운 햇살 아래 쌀을 널어놓으면 벌레들이 빠져나가지 않을까 하는 생각이 들었다. 1층의 차고 위 널찍한 공간에 신문을 깔고 쌀을 펼쳐두었다. 2층에 살던 나는 책상 앞 유리창으로 밖을 훤히 내다볼 수 있었다. 책을 보다 참새나 까마귀가 와서 쪼아 먹으려 하면 소리를 질러 충분히 쫓아낼 수 있는 거리였다.

쌀을 널고 한 시간이 지나고 두 시간이 지나고, 반나절이 지나도 새 한 마리 오지 않았다. 나무 위에 앉아 지저귀고, 하늘 위로 날아다니는 새들이 많은데도 불구하고, 어느 한 마리 와서 쌀을 쪼아 먹으려 하지 않았다. "참새가 방앗간을 그냥 지나치랴"는 속담이 적어도 스리랑카에서는 통하지 않았다. '왜 그럴까?' 의문이 풀리지 않았다.

며칠 뒤 점심으로 길거리에서 파는 도시락을 사 먹었다. 도시락은 그 당시 한국 돈 500원 수준으로 저렴했고, 두툼한 정사각형 형태로 신문지에 둘둘 말려 있었다. 신문지를 풀어보면 얇은 비닐 한 장 안에 밥과 카레가 섞여 있었다. 그날은 도시락 하나를 다 먹지 못해 새들에게 나눠주기로 마음먹었다. 며칠 전 쌀을 말렸던 1층의 차고 위 공간에 먹다 남은 도시락을 펼치는데, 새 떼가 몰려와서 다투듯이 쪼아 먹는 게 아닌가.

알고 보니 사람들이 주는 음식 맛에 적응해 버린 새들이 날쌀은 거들떠 보지도 않고 간이 된 밥만 먹었던 것이다. 다시 보니 하늘을 나는 새들도 길거리를 활보하는 개들도 먹을 것이 풍족했다. 누군가는 개체 수나 새똥, 질병 등을 염려하겠지만, 스리랑카 사람들에게는 고려의 대상이 아니다. 심지어 새똥을 맞으면 그날 행운이 온다고 믿었다. 이들은 그냥 먹을 것이 있으면 사람에게든 동물에게든 나누는 것을 일상처럼 이어갔다.

하루는 어떤 사람이 양손에 커다란 비닐봉지에 가득 담긴 신문지 도시락을 들고 가는 것을 보았다. 그는 길거리에서 노인과 걸인들에게 하나씩 도시락을 나눠 주고 있었다. 함께 있던 현지인 친구가 내게 말했다.

"저 사람 오늘 생일이야!"
"누구? 걸인?"
"아니, 저기 도시락 나눠 주는 사람."

생일은 당사자가 무언가를 받는 날인 줄만 알았는데, 그 말을 듣고 나니 스스로가 부끄러워졌다. 이날 이후 생일이 다가오면 나는 양손에 도시락을 가득 들고 길을 나섰다. 감사하게도 몇몇 한인 친구들도 생일 도시락에 점점 동참하게 되었다.

경제력과 나눔은 반드시 비례하지 않는다. 우리는 나눔을 권유하면 아직 준비가 덜 되었다고 말한다. 아마도 여기서 준비란 경제력을 이야기하는 것일 테다. 하지만 나눔에 필요한 것은 선한 마음 하나면 충분하다. 비싸고 부담되는 것이 아니라 작은 것도 소중하게 만들어 전하면 되는 것이다. 나눔에서 무엇보다 중요한 것은 '무엇을 주는가'보다 '어떤 마음으로 주는가'다. 마음은 바로 의도다.

만약 친구에게 껌 하나를 준다고 한다면, 주머니에 껌 하나가 남아돌아서 주는 것이 아니다. 수업 시간에 졸음에서 벗어나게 해주고, 식사 후에 입안을 개운하게 해준 이 껌이 나에게 도움이 되었듯 친구에게도 도움이 되길 바라는 마음(의도)을 담아 전하는 것이다. 이러한 마음은 물질의 크기와 상관없다. 우리가 진심을 담으면 보기에 작은 것도, 마법처럼 커다랗게 만들어 전할 수 있다.

나눔은 주는 자의 기쁨이다. 선한 의도를 키우는 만큼 그 기쁨도 커진다. 나눔이 늘어나면 기쁨이 커지고, 참새가 방앗간도 못 본 척 지나칠 수 있다.

불교의 업

❋

초기불교는 "의도가 업業"이라고 말한다. 인도에서는 업을 까르마karma나 깜마kamma라고 부르며, 영어로는 액션action, 즉 '행위'를 의미한다. 업에는 여러 종류가 있지만, 대표적으로 '선업'이라는 착한 행위와 '악업'이라는 나쁜 행위로 구분한다.

이 업은 업에 따르는 결과, 즉 과보果報를 수반하기에 중요하게 여겨져 왔다. 이처럼 업의 사전적 의미보다 결과적 측면이 강조되다 보니, 흔히 어떤 사건이 발생하면 "업이다" 또는 "까르마다"라고 말한다. 이는 과거의 어떤 행위의 결과로 현재 사건이 발생했다는 뜻이다. 쉽게 말해, 착한 일을 하면 착한 결과가 따르고 악한 일을 하면 악한 결과가 따른다는 것이다. 결국 지금 발생한 사건은 과거 언젠가 행한 행위의 결과로 나타난다는 해석이 가능해진다. 이러한 해석은 인도에서 숙명론이나 결정론으로 발전하기도 했다.

동아시아 철학과 윤리 사상에서 중요한 위치를 차지하는 '권선징악', 즉 "착한 일을 권장하고 악한 일을 징계한다"라는 사자성어처럼, 불교는 '인과응보'의 개념과 연결 지어 업을 윤리적 지침으로 활용해 왔다. 하지만 실제 삶은 어떤가? 착하게 살았더니 정말 착한 결과가 따르는가? 악하게 살았더니 정말 악한 결과가 따르는가? 가끔 '세상에는 나쁜 짓을 하고도 잘 사는 사람들이 많다'는 생각이 불쑥 올라오지는 않는가? 인과응보를 부정하려는 것이 아니라, 우리의 삶이 선인선과善因善果, 악인악과惡因惡果라는 선형적 결과만을 수반하지 않는다는 점을 말하고자 한다.

사실 업에 대한 이해는 불교와 다른 종교 사이에 다소 차이가 있다. 특히 초기불교는 업을 어떤 행위에 대한 필연적 결과로 보기보다, 심리적 상태와 이로 인한 조건의 형성에 더 중점을 둔다. 정확하진 않지만 '착하게 살면 착한 결과가 따라온다'보다는 '착한 마음으로 행하면 마음이 편안하다'에 더 가까운 해석이다.

반대로 '악하게 살면 악한 결과가 따라온다'보다는 '악한 마음으로 행하면 마음이 불편하다'에 가깝다. 내 마음이 편하면 그 마음이 조건이 되어 선한 행위로 이어지거나 긍정적인 심리 상태가 유지되기 쉽다. 반대의 경우도 마찬가지다. 영성으로 가득한 인도의 어느 종교나 철학, 수행자들 사이에서도 건드리지 못한 업에 대해 젊은 붓다는 새롭게 해석했다. 붓다는 업을 행위 이전에 발생하는 마음,

즉 '의도'로 보았다.

붓다는 이렇게 설한다.

"비구들이여, 나는 의도가 업이라고 말한다. 의도하고 나서 신체적으로나 언어적으로나 정신적으로 행위한다."[4]

붓다는 의도가 곧 업이라고 정의하고, 몸과 말, 마음의 차원에서 일으키는 의도에 따라 업이 발생함을 강조한다. 행위 자체가 아니라 마음에서 어떤 의도를 일으키느냐가 선한 업과 악한 업을 만드는 조건이 된다. 붓다는 『법구경』을 통해, 마치 황소의 발굽 뒤에 수레의 바퀴가 따라오는 것처럼, 마음을 일으킨 뒤에 행위가 나타난다고 설명한다.

"마음이 현상(결과)의 앞에 선다. 정신(의도)이 가장 먼저이고, 현상은 정신에 의해 이루어진 것들이다. 만약 사람이 오염된 정신으로 말하거나 행동하면 괴로움이 따를 것이다. 이는 마치 수레바퀴가 황소의 발굽을 따르는 것과 같다."[5]

나는 알고 있는가? 말하기 전에 어떤 의도를 일으켰는지, 행하기 전에 어떤 의도를 일으켰는지. 불교 수행 안에서 내 안의 의도를 알아차리는 작업은 매우 중요하다. 만약 나의 의도를 알아차릴 수 있다면 나의 행위를 조절할 수 있게 된다. 선한 의도를 알아차리면 선한 행위를 더욱 증장시킬 수 있고, 악한 의도를 알아차리면 악한 행위로의 발전을 막을 수 있다. 이것이 가능할 때 명상을 통해 자신의 업을 다스리게 된다고 말할 수 있다.

행복은 불행을 조건으로 한다

빚 없는 즐거움을 얻고 난 뒤에 소유하는 행복을 기억할지라. 인간은 재물의 행복을 누리면서 지혜로써 직관한다. 지혜로운 자는 소유하는 행복, 재물을 누리는 행복, 빚 없는 행복, 비난받을 일이 없는 행복의 네 가지를 모두 안다. 그러나 앞의 셋은 비난받을 일이 없는 행복의 16분의 1에도 미치지 못한다.[6]

불교 수행은 괴로움에서 벗어난 행복을 추구한다. 우리는 모두 괴로움을 떠나 행복하기를 바란다. 모두가 행복하기를 바라지만, 실제로 주변에 행복하다고 느끼는 사람이 그리 많지 않은 것 같다. 아마도 행복을 위한 조건을 갖추기가 쉽지 않기 때문일 것이다.

행복의 조건을 갖추려면 먼저 내 몸과 마음이 행복해야 한다. 그리고 나 혼자 행복한 것만으로는 충분하지 않기에 가족도 친구도 행복해야 한다. 게다가 지난 과거나 다가오지 않은 미래에 대해서 후회나 걱정도 없어야 한다. 이러한 조건들을 모두 갖추려면, 과연 이

번 생에 행복이 가능할지 모르겠다.

그럼에도 불구하고 우리는 이미 여러 차례 행복을 경험했고 그 순간들을 기억하고 있다. 잠시 언제 행복했었는지 회상해 보자. 어떻게 행복할 수 있었는지 생각해 보자. 앞서 말한 다양한 조건을 갖추어서 행복했었나? 아마도 아닐 것이다. 우리가 이미 경험한 행복들은 과거도 미래도 아닌 현재 그 순간에 느낀 것이다. 하지만 우리는 미래에 더 나은 행복이 있을 것이라 믿고 지속적으로 불안과 걱정으로 하루하루를 산다. 과거를 반성해야 앞으로 행복할 수 있다고 믿고 혼신을 다해 지난날들을 끊임없이 후회하며 현재 누릴 수 있는 많은 것을 포기한다. 결과적으로 우리가 믿는 행복의 조건을 충족시켜 행복을 경험한다는 것은 쉽지 않다.

하지만 우리가 기억하는 행복은 의외로 간단한 곳에 있다. 내 몸과 마음이 어느 순간에 만족하고 있으면 행복한 것이다. 따라서 행복을 누리는 방법은 의외로 간단하다. 무엇보다도 가장 빨리 행복해지는 방법은 '좋아하는 사람과 맛있는 음식을 먹는 것'이다. 맛있는 음식은 감각적 즐거움을 주고, 좋아하는 사람은 혼자가 아니라는 안정감을 준다. 그러니 몸과 마음이 모두 편안하고 행복해진다.

그런데 다시 문제가 생긴다. 맛있는 음식이 계속 맛있지 않고, 좋아하는 사람도 계속 좋지만은 않은 것이다. 우리가 좋아하는 음식도, 사람도, 환경도 모든 것이 변한다. 그렇다면 이제 더 오래 지속되는 행복을 찾아볼 필요가 있겠다.

우리는 일상에서 '결핍'을 경험한다. 몸이든 마음이든, 물질이든 정신이든 우리는 모자라고 부족함에 결핍을 경험한다. 그리고 이 결핍은 우리에게 불만족(둑카dukkha)을 경험하도록 만든다. 우리는 이러한 불만족을 벗어나 결핍을 채우고자 '욕망'을 일으킨다. 누군가는 이 욕망을 의욕이라 부르기도 하고, 갈망이라고 부르기도 한다. 긍정적으로 부르든, 부정적으로 부르든 이와 같은 노력과 집착의 과정을 통해 욕망이 충족되면 쾌감이나 만족감이 일어나며, 이것을 다시 '행복'이라고 부른다.

배가 고프다. 맛있는 짜장면이 먹고 싶다. 유명한 중식당에 가줄을 서서 기다렸다가 짜장면을 입에 넣는다. 그 순간 욕망이 해결되면서 행복해진다. 감각적으로 맛을 즐기고 정신적으로 만족감을 느낀다. 드디어 결핍이 충족되었다. 행복하다. 이때 짜장면을 먹으며 더 행복해지는 방법도 있다. 사진을 찍어 소셜 미디어에 올리는 것이다. 노골적으로 표현하면 다른 사람은 못 먹고 나만 먹는 일이 더 행복하다. 물론 여기서 다른 사람은 함께 와서 먹고 싶은 좋아하는 사람을 말하는 것이 아니다. 우리가 소셜 미디어를 통해 올리는 사진과 게시글 대부분은 다른 사람과의 비교를 통해 자랑하고 싶은 것, 혹은 과거에는 못했지만 지금은 상황이 나아져 할 수 있는 것을 보여주는 수단으로 사용한다. 행복을 위한 수단으로 '비교'가 더해지는 것이다. 비교는 감각적 경험이라기보다는 인지적 작용에 가깝다. 우리는 결핍이 충족된 이후에 비교를 통해 행복을 키운다.

하지만 또다시 문제가 생긴다. 그것은 바로 '적응'이다. 결핍을 벗어나 감각적 욕망이 충족되어도, 과거와 비교해서 나아졌다 할지라도 머지않아 그 상황에 누구든 적응하게 된다. 이제는 더 이상 행복하지 않다. 점심에 짜장면 한 그릇을 맛있게 먹고 이제 배가 부른데, 저녁에 짜장면을 또 먹어야 한다고 생각해 보자. 아마 괴로움이 찾아올 것이다. 결핍을 만족으로 바꿔 행복했다 할지라도 우리는 곧 그 감각과 정서에 적응하게 되고, 곧 또 다른 결핍과 욕망을 일으킨다.

이러한 반복은 끊임없이 순환하여 우리는 만족을 잊은 채 행복을 찾아 다시 방황한다. 일반적으로 말하는 행복의 세 가지 기준, '돈'과 '명예', '건강'이 채워졌다 할지언정 정도의 차이가 있을 뿐, 우리는 모두 적응에 의한 결핍을 경험한다. 결국 다시 불행해진다.

불교 수행은 결핍과 적응의 반복에서 벗어난 행복을 추구한다. 그리고 그 방법으로 즐거움과 괴로움의 반복적 순환 과정에서 벗어나라고 제안한다. 행복은 불행을 조건으로 하고, 불행은 행복을 조건으로 한다. 즐거움은 괴로움을 조건으로 하고, 괴로움은 즐거움을 조건으로 한다. 이들은 마치 파도의 파고처럼 오르락내리락 반복한다. 행복은 인도 고대어 빠알리어로 '수카sukha'라고 한다. 여기서 수카는 즐거운 감각과 정서만을 말하는 것이 아니다. 누군가가 수카를 추구한다면, 그는 즐거움과 괴로움의 끊임 없는 반복을 멈출 수 있는 길을 찾는 것이다.

앞서 설명한 것처럼 우리는 행복에 적응하고 다시 결핍을 경험한다. 하지만 적응과 결핍의 사이에서 '수카'를 찾을 수 있다. 그것은 바로 즐겁지도 않고 괴롭지도 않은 상태를 말한다. 그리고 이것을 '평정(평온)'이라고도 부른다. 즉, 즐거움과 괴로움의 반복을 조건으로 하지 않고 흔들리지 않는 편안한 상태, 바로 '평온한 마음'이다.

초기경전에서 붓다는 "만약 누군가가 몸이나 마음의 즐거움을 인간이 경험하는 최상의 행복이라 말한다면 동의할 수 없다"라고 했다. 훨씬 아름답고 뛰어난 행복이 있기 때문이며, 그 행복은 몰입을 통한 '선정'이라고 설한다. 선정은 마음의 집중을 유지해 자신의 내면이나 외부의 자극에 흔들리거나 동요하지 않는 상태를 만든다.

이러한 선정은 색계 사선정과 무색계 사선정으로 구성되며, 점진적으로 고요함이 깊어지는 구조로 되어 있다. 붓다는 선정의 성장과 더불어 행복(수카)도 더욱 성장하고 있음을 설명한다.7 예를 들어, 희열이 있는 이선二禪보다, 희열이 없는 삼선三禪이 더 수승한 행복의 상태이고, 즐거움이 있는 삼선보다 즐거움과 괴로움이 사라지고 평온만 남은 사선四禪이 더 수승한 행복이라고 한다.

다시 말해 몸과 마음이 즐거운 상태가 아닌, 평온한 상태가 더욱 수승한 행복이라는 설명이다. 『숫따니빠따』의 「행복경」을 통해 붓다는 최상의 행복이 무엇인지를 서른 가지로 설명한다. 이들을 정리하면 다음과 같다.

"1) 어리석은 사람을 사귀지 않고, 2) 지혜로운 사람과 가까이하고, 3) 존경할 만한 사람(붓다)을 존경한다. 4) 분수에 맞는 곳에 살고, 5) 공덕을 쌓고, 6) 스스로 바른 서원을 세운다. 7) 많이 배우고 익히며, 8) 절제하고, 9) 선하고 의미 있는 대화를 나눈다. 10) 부모님을 섬기고, 11) 아내와 자식을 돌보고, 12) 혼란스럽게 일하지 않는다. 13) 나누며 살고, 14) 친지를 보호하고, 15) 비난받을 만한 행동을 삼간다. 16) 악을 멀리하고, 17) 술을 멀리하며, 18) 선행에 게으르지 않다. 19) 존경하고 겸손하고, 20) 만족하고 감사하며, 21) 가르침을 듣는다. 22) 인내하고, 23) 온화하며, 24) 수행자와 법담을 나눈다. 25) 감각을 다스려 청정하게 살고, 26) 거룩한 진리를 보고, 27) 열반을 이룬다. 28) 세상일에 마음이 흔들리지 않고, 29) 슬픔 없이, 30) 평온을 갖는 것. 이것이야말로 더없는 행복이다. 이러한 방법을 따르면 어디서든 실패 없이 행복할 것이니, 이것이야말로 더없는 행복이다."[8]

불교 수행을 통한 행복은 감각이나 정서적 즐거움에 제한되지 않는다. 진정한 행복은 감각과 정서를 초월하기 때문이다. 만약 행복해지고 싶다면 행복해지는 연습을 해야 한다. 다양한 자극으로부터 잠시라도 멀어질 수 있는 마음 수행이 필요하다. 수행의 빈도가 늘어나면 행복의 빈도도 늘어날 것이다.

내가 나를 사랑하고 용서할 때

사방을 찾아보아도 나 자신보다 사랑스러운 자 찾을 수 없네. 누구나 자신이 가장 사랑스러운 법, 자기 자신을 사랑하는 자는 남을 해치지도 않네.[9]

사랑은 물질이 아니다. 따라서 그 양이 제한되어 있지 않다. 우리는 필요하다면 마음먹고 늘릴 수도 줄일 수도 있다. 물론 사랑은 자기 자신을 위해, 타인을 위해, 모든 생명체를 위해, 또 다른 의지처를 위해 나눌 수 있다. 이들 중에 가장 기본이 되는 사랑은 나를 향한 사랑일 것이다.

사랑은 내가 나에게도 줄 수 있다. 누군가는 내가 나를 사랑하는 것이 쉽지 않다고 말한다. 하지만 충분히 가능하다. 어쩌면 이미 나를 너무 사랑해서 내가 원하는 만큼의 사랑이 충족되지 않는 것을 두고 어렵다고 하는지도 모른다.

스스로를 사랑하기 위해서는 밝은 나뿐만 아니라 어두운 나도 사랑해 줘야 한다. 세상 누구보다 내가 나를 가장 잘 안다. 남들은 모르는 나의 어두운 면도 알고 있다. 혹시라도 남들이 알면 부끄럽고, 심지어 용서받지 못할 일도 나는 알고 있다. 나를 사랑하고 싶다면, 부끄러워 드러내기 어려운 자신의 모습도 용기 내어 꺼낼 수 있어야 한다. 그것이 괴롭고 힘든 일일지라도 나 자신을 사랑하고 용서하기 위해 필요한 과정이다. 조금씩 시작한다면 나는 나를 충분히 사랑하고 용서할 수 있다.

한 아이가 발등이 다쳤다고 생각해 보자. 아이는 얼굴을 찡그리며 다칠 때의 느낌이 어땠는지 보여주려는 듯, 상처 부위에 붙인 밴드를 살며시 떼어내며 사람들에게 상처를 보여준다. 이때 누군가 놀란 표정으로, 아이의 아픔에 공감하듯 얼굴을 일그러뜨리고 심각한 소리로 말한다. "아이고, 얼마나 아팠어? 병원 갔다 왔어? 못 걷는 거 아니야?" 그러면 아마 아이는 찡그린 얼굴에 입꼬리를 살며시 올리며 "괜찮아요, 지금은 안 아파요!" 하고 대답할 것이다. 어쩌면 언제 다쳤냐는 듯이 바로 웃으며 뛰어놀 수도 있다. 만약 누군가가 공감하지 못하고 나무란다면 아이는 어떨까? 근엄한 얼굴로 "이까짓 상처가 뭐가 어떻다고? 아무렇지도 않네", 혹은 "이게 상처냐? 내 상처 한번 볼래?"라고 말한다면, 아이는 아마도 시무룩한 표정으로 상처 난 발을 절룩이며 갔을지도 모른다.

아이는 자신의 아픔에 공감하고, 자신을 존중해 주길 원했다. 우리는 너무나 잘 알고 있다. 어린아이만이 공감과 존중을 바라는 것이 아니라는 사실을 말이다. 만약 내 발등에 상처가 났다면, 내 가족과 친구들이 어떻게 반응해 주길 원하는가? 어린아이처럼 대놓고 말하기는 쑥스럽지만, 어른도 공감과 존중을 원한다. 그런데 내가 나를 사랑하고 존중하지 않는다면, 누가 나를 사랑하고 존중해 주겠는가. 내가 나를 칭찬하지 못하고 용서하지 못한다면, 누가 나를 칭찬하고 용서하겠는가. 우리는 스스로를 사랑하고 존중하고 칭찬하고 용서해야만 한다. 그리고 이렇게 키운 사랑은 점차 확장되어 간다.

"다른 현명한 사람의 비난을 사는 사소한 행동도 삼가며, 모두가 행복하고 편안하기를 기원합니다. 모든 중생들이 행복하기를 기원합니다. 서로가 서로를 속이지 않고 헐뜯지 말지니, 어디에서도 누구라도 분노 때문에, 증오 때문에 서로에게 고통을 바라서는 안 됩니다. 마치 어머니가 자신의 외아들을 목숨 바쳐 구하듯이, 이와 같이 모든 존재를 위하여 한량없는 마음을 닦아야 합니다. 모든 세상에 대해서 사랑을, 위로 아래로 그리고 사방으로 장애가 없고, 증오가 없고, 적의가 없는 한량없는 마음을 닦아야 합니다."[10]

우리는 스스로를 사랑해야 한다. 이 사랑이 자리 잡아야 다른 사람에 대한 사랑, 존중, 칭찬, 용서로 확장하기기 쉽다. 누군가 자신을 사랑하고 용서하기는 어려워도, 다른 사람은 사랑하고 용서하기가 쉽다고 생각한다면, 한 번쯤은 의심해 봐야 한다. 어쩌면 내가 다른 사람을 사랑하는 것이 아니라, 나의 이익을 위해 혹은 그 사람에게 잘 보여야 하기에 일어나는 마음일지도 모른다. 이러한 마음은 정성과 배려라는 멋진 포장지에 한 번 더 쌓여 있기에, 그 내막을 알기 어렵다. 이렇게 위장한 마음을 확장하는 것은 자칫 자존감을 무너뜨리는 위험한 시도가 될 수 있다.

우리는 일상이나 사회에서 다른 사람과의 관계에 어려움을 경험한다. 친인척이 함께 모이는 명절을 지내고 나면 가족 간에 다툼이 벌어지기도 한다. 군대에 가면 전투 훈련보다 내무반 생활이 더 힘들다고 말하기도 한다. 직장인 중에도 업무보다 관계의 어려움을 호소하는 경우가 많다. 개인보다 집단을 중시하는 문화적 배경으로, 나뿐만 아니라 상대의 상황과 입장까지 고려해야 하기에 타인과의 관계를 잘 유지하기가 쉽지 않다. 마음속에서는 '저 인간을 도대체 이해할 수가 없다', '저 사람과는 성격이 안 맞아' 등 같은 감정이 솟구치지만 입으로는 "예, 알겠습니다"라고 순응하니 이 괴리감은 나를 괴롭게 만든다.

이처럼 다른 사람과 좋은 관계를 유지하는 것은 여간 어려운 일이 아니다. 그러다 보니 관계 개선을 위한 해결책으로 식사를 대접하거나 선물을 하는 등 정성과 배려를 표현하기도 한다. 하지만 이러한 정성과 배려라는 포장이 자칫 나의 마음을 다치게 만들 수도 있다.

　내 마음 안에서 '내가 이렇게 하면 저 사람도 나에게 이렇게 하겠지' 하는 마음이 일어난다면, 이는 위험한 발상이다. 나의 이익을 위해 상대에게 베푸는 것은 위기를 벗어나기 위한 일시적 모면책에 불과하다. 게다가 이러한 시도는 나의 자존감을 걸고 하는 도박과도 같다. 이는 내가 예상했던 대로 상대가 반응하지 않을 수 있기 때문이다.

　예를 들어, 직장 상사에게 커피 한 잔을 전하며, '내가 이렇게 하면 저 사람이 오늘은 잔소리를 안 하겠지' 하는 생각을 했다고 가정해 보자. 그런데 나름 성의를 보이며 커피를 전달했음에도, 상사가 잔소리를 더 하면 어떨까? '내가 이렇게까지 했는데…' 하며 자존감이 무너질지도 모른다. 베풀고 당하는 것이다. 이처럼 자신의 어려운 상황을 극복하기 위해 정성과 배려라는 허울은 추천하고 싶지 않다. 자존감을 걸고 하는 위기 모면책은 정말 위험하다.

　그렇다면 이 방법은 어떨까? '이 커피 한 잔 마시고 직장에서 더 힘내세요' 하는 생각으로 상사에게 커피를 전했다면, 그가 나에게 어떤 반응을 하든지 상관없이 내 자존감에 상처를 받는 일은 없을 것이다.

　내가 굶주린 상태에서 남에게 음식을 나눠 줄 수는 없다. 내가 나를 사랑하고 용서할 때, 이제야 비로소 모든 존재의 행복과 이익을 바라는 마음, 모든 존재가 괴로움에서 벗어나길 바라는 마음이 펼쳐진다. 다른 사람을 향한 사랑의 방사는 위기 모면책과 다르다. 이는 '사무량심四無量心'으로 확산된다. 사무량심은 '제한 없이, 헤아릴 수 없을 정도로 많아도 좋은 마음 네 가지'를 의미하고, 이는 바로 사랑, 연민, 기쁨, 평온, 즉 자비희사慈悲喜捨를 말한다.

이를 위한 방법은 의외로 간단하다. 나 자신을 사랑하는 마음부터 시도해야 한다. 불교에서는 이러한 시도를 처음 하는 사람에게 특정 문구를 외우는 방법을 권하는데, 이를 자애명상이라 부른다. 물론 불교 경전이나 수행처에서 사용하는 전형적인 문구들이 있으며, 방법도 수백 가지가 넘는다. 하지만 아래처럼 간단한 문장을 마음속으로 외우며 시작할 수 있다.

'부디 내가, 편안하기를⋯.'
'부디 내가, 행복하기를⋯.'

내가 편안하고 행복하기를 바라는 진심이 담긴 마음으로, 이러한 문구를 반복적으로 외우는 것이다. 너무 빠를 필요도, 너무 느릴 필요도 없다. 오랫동안 할 필요도 없이 5분이어도 좋고 10분이어도 좋다. 아침이든, 저녁이든 언제든 상관없다. 우울하거나 불안하다고 느낄 때, 밤에 누워 잠이 오지 않을 때 해도 괜찮다. 학교나 직장, 버스나 지하철 안에서 해도 좋다. 오랜 시간보다는 자주 행하는 것이 나으며, 특정 시간대를 루틴으로 만드는 것이 중요하다.

혹시 자애명상 진행 중에도 다른 생각이 끊임없이 일어나면 호흡과 함께 진행하는 것도 좋다. 몸으로는 숨을 들이쉬면서 마음으로는 '부디 내가'를 외우고, 몸으로는 숨을 내쉬면서 마음으로는 '편안하기를…' 하고 외우는 것이다. 흥분하거나 불안할 때는 의도적으로 심호흡하거나, 날숨을 길게 하며 문구를 함께 외우는 것도 방법이다. 이는 부교감신경을 활성화시켜 이완을 도와준다. 이러한 방법들이 익숙해지고 자기 자신에 대한 사랑의 마음이 어느 정도 생기면 대상을 바꾸어 시도해 보는 것도 좋다. 나에서 타인으로 바꿔보는 것이다. 예를 들어, 대상이 엄마라면 이렇게 표현한다.

'부디 엄마가, 편안하기를….'
'부디 엄마가, 행복하기를….'

물론 다른 대상을 넣어도 된다. 불교 수행에서는 타인을 대상으로 하는 자애명상의 경우, 좋아하는 사람을 먼저 삼을 것을 권유한다. 좋아하는 사람을 문장에 넣어 외우며 사랑하는 마음을 키우고, 그 마음이 커지는 것 같으면 점차 대상을 확장하는 것이다. 내가 잘 모르는 무관한 사람으로 해보고 마지막으로 싫어하는 사람을 넣어

본다. 무관한 사람은 내 옆에서 버스를 기다리는 사람이 될 수도 있고, 나와 함께 지하철에 타고 있는 다수의 사람이 될 수도 있다. 중요한 것은 누군가를 대상으로 삼느냐가 아니라, 이 과정을 통해 사랑의 마음이 일어나는가다.

따라서 특정인을 대상으로 삼을 때 사랑보다 원망, 후회, 분노 같은 부정적인 마음이 일어난다면 아직 내가 준비가 덜 되었고, 그도 적절한 대상이 아니라는 신호다. 사랑하는 마음이 생기지 않는 대상을 굳이 삼으려 애쓰지 말고, 잘되는 대상부터 삼는 것이다. 내가 아직 충분하지 않은 상태에서 누군가에게 일어나지도 않는 사랑을 억지로 용서와 화해라는 미명 아래 만들 필요가 없다. 내 마음도 공허한데 누구를 채워줄 수 있겠는가. 나에게 사랑이 차고 넘쳐야 나눠 줄 수 있는 것이다. 그러니 타인에 대한 사랑이 어려우면 나부터 나를 사랑해 줄 줄 알아야 한다.

누군가가 편안하기를 바란다고 해서 그가 실제로 편안해지는 건 아니다. 그럼에도 불구하고 내가 누군가의 평안을 계속 바란다면, 그 순간 내 마음은 편안해질까, 불편해질까? 당연히 사랑은 나를 편안하고 행복하게 만들어준다. 지금 당장은 그것이 실재하는 감정이 아니더라도, 반복적으로 문구를 되뇌며 마음을 일으키면, 나를 흔드는 다른 생각이 들어올 틈을 주지 않게 된다.

그러다 보면 그 말에 대한 집중이 생기고, 집중이 생기면 흔들리지 않는 편안함이 찾아온다. 그리고 뇌는 내가 누군가의 평안을 바라는 마음이 진짜인 줄 알게 된다. 따라서 자애명상의 시작에서 사랑을 일으키려는 시도가 어색하고 작위적이어도 괜찮다. 이러한 시작은 너무나 당연하며, 꾸준히 반복하는 것이 중요하다.

불교는 이러한 자애명상을 사마타 수행의 일종으로 분류한다. 빠알리어로 사마타samatha는 '고요' 혹은 '평온'이라는 뜻이다. 고요함을 이루기 위해 고요함에 방해가 되는 요소들을 멈추게 한다는 의미다. 중국에서는 그친다는 의미로 '지止'라고 번역했다. 구글은 지포즈gPause라는 명상 프로그램을 만들어, 사람들이 잠시 멈추고 숨을 고르며 스트레스를 관리하도록 돕는다.

자애명상은 문구를 되뇌는 과정을 통해 마음의 이완을 돕는다. 그리고 점진적으로 더 고요하고 더 평온해지도록 만들어준다. 우리는 외부 자극이 없어도, 음악과 명상 앱이 없어도 스스로 이완할 수 있는 힘을 얻게 된다.

주지 않은 것은 가지지 않는다

나는 살아 있는 생명을 죽이지 않겠습니다.
나는 주지 않은 것을 가지지 않겠습니다.
나는 잘못된 성행위를 하지 않겠습니다.
나는 거짓말을 하지 않겠습니다.
나는 마음을 혼미하게 하는 곡주, 과일주 등의 술을 마시지 않겠습니다.[11]

우리는 소비를 지속적으로 촉진하는 자본주의 구조 안에서 살고 있다. 이제 소유는 생존을 위한 기본적인 필요를 넘어서 욕망을 충족하는 방향으로 흘러가고 있다. 특정 상품을 구매하여 자신의 사회적 지위나 정체성을 드러내는 것은 타인과 차별화하려는 욕구를 충족해 준다.

생산자는 끊임없는 광고와 마케팅을 통해 소비를 강제적으로 유도하고, 소비에 익숙한 우리는 타인이 아닌 소비한 상품과 친해지는 데 더욱 전념한다. 어려운 인간관계보다는 다루기 편한 물질적 소유에 기반해 자아를 형성해 간다. 결국 내가 더 편안해지려면 더 소비해야 하고, 더 소비하려면 더 벌어야 한다. 물질적 소유를 많이 하는 것이 답인 세상이다.

　이러한 시대 흐름에도 불교는 무소유無所有의 삶을 제안한다. 물론 무소유가 소유를 부정하는 것은 아니다. 물질적 소유를 부정하기보다는 '탐욕에서 벗어난다'는 의미로 이해하는 것이 적절하다. 물질적 소유를 줄이는 것이 욕심을 줄이는 데 도움이 될 수 있다.

　하지만 오늘날의 소유는 곧 권력을 의미하기에, 소유에 대한 집착을 내려놓는다(무소유)는 건 '사회적 생존'을 포기하는 것에 가깝다. 게다가 우리는 소유를 통해 불안에서 벗어나 안정감을 느낀다. 또한 소유한 재물을 생산하고, 분배하고, 소비하는 과정에서 타인과 관계를 맺으며 소속감을 느낀다. 그렇기에 소유하지 않고 산다는 것은 삶을 포기하는 것이라 해도 과언이 아니다.

　반면에 결핍은 삶 속에서 경험하는 괴로움 그 자체와도 같다. 당장 먹고살 것이 없다면 무소유의 교설이 어떤 도움이 되겠는가. 불교가 무소유를 강조했을 것이라 생각하지만, 붓다는 '소유'를 강조했다. 기본적으로 음식을 소중히 여겼고, 괴로움을 만드는 근본 원인을 가난에서 찾았다. 그래서 출가자가 아닌 사람들에게는 부유해질 것을 권장했다. 다만 소유와 분배는 권력이 아닌 윤리와 함께 해야 한다는 원칙이 있었다. 그렇다면 어떻게 소유해야 할까?

1970년대에는 이순신 장군과 거북선이 그려진 500원짜리 지폐가 있었다. 하루는 길을 걷다가 500원짜리 지폐가 바닥에 떨어져 있는 것을 보았다. 이게 웬 횡재인가 싶어 냉큼 주어 주머니에 넣었다. 갑자기 생긴 돈에 입꼬리는 올라갔고, 무엇을 살지를 고민했다. 집 현관문에 들어서며, 주머니에 넣었던 지폐를 꺼내 흔들며 자랑했다. "엄마, 아빠! 저 500원 주웠어요." 아버지는 어디서 주웠는지 물었다. "요 앞 사거리 횡단보도 쪽에 떨어져 있었어요." 아버지는 내 손을 잡고 돈을 주웠던 곳으로 함께 나갔고, 그 돈을 횡단보도 옆 전봇대에 테이프로 붙였다. 그러고는 다시 내 손을 잡고 집에 가자고 했다. 나는 집에 오면 아버지가 그만큼 돈을 줄 것이라 믿었지만 아버지는 그러지 않았다.

유대교와 기독교에는 "도둑질하지 말라"는 계명이 있다. 불교도 같은 의미로 '불투도不偸盜'의 계戒(규칙)를 가지고 있다. 불교의 '도둑질하지 말라'는 계는 원래 '주지 않은 것은 가지지 않는다'에서 시작되었다.♥

이에 따르면 나는 500원을 훔치지 않았지만 '주지 않은 것을 가진 것'은 분명하다. 나는 주운 돈을 내 소유로 인정하려 했고, 아버지

♥ 불교는 수행자와 일반인에게 다섯 가지 삶의 규칙을 지킬 것을 요구한다. 이들을 '오계'라고 부른다. 오계는 불교인이 삶을 살며 스스로 지키겠다는 약속이자 다짐이다. 다섯 가지는 다음과 같다. 첫째, 나는 살아 있는 생명을 죽이지 않겠습니다. 둘째, 나는 주지 않은 것을 가지지 않겠습니다. 셋째, 나는 잘못된 성행위를 하지 않겠습니다. 넷째, 나는 거짓말을 하지 않겠습니다. 다섯째, 나는 마음을 혼미하게 하는 곡주, 과일주 등의 술을 마시지 않겠습니다.

는 그것을 말린 것이다. 물론 돈을 잃어버린 이름 모를 사람의 심정을 헤아리는 것도 중요하지만, 그 순간 내가 부린 마음이 500원의 값어치보다 횡재수에 대한 탐욕이었음을 깨달았다. 나는 500원으로 사려 했던 사탕, 과자, 떡, 장난감 중 하나를 잃었지만, 노력 없이 대가를 바라지 않는 마음을 얻었다. 무엇을 소유할지보다 어떻게 소유하느냐가 삶에서 더 가치 있는 질문일 것이다.

　미얀마 양곤에 자리한 마하시 위빠사나 수행처의 식당에서는 식사 때마다 낯선 모습을 볼 수 있다. 재가신도들은 스님들을 위해 둥근 밥상 위에 음식을 차린다. 수행처마다 다르겠지만 이곳은 네다섯 명에서 많게는 열 명까지도 둥글게 앉아 함께 식사할 수 있는 커다란 밥상을 차린다. 밥상 위의 크고 작은 그릇들에는 밥과 국, 그리고 다양한 반찬이 담겨 있다. 식사가 준비되었음을 알리는 목탁 소리가 울리면, 스님들은 식사를 위해 자리에 둘러앉는다. 이때 두 사람이 다가와서 무거운 밥상을 바닥에서 떨어지게 살짝 들어 올린다. 그러면 앉아 있는 한 스님이 밥상을 손으로 살짝 건드린다. 이 손짓은 밥상을 허락한다는 의미다. 이렇게 스님이 허락하면 밥상이 내려지고 공양을 시작하게 된다. 누군가가 부족한 밥이나 반찬을 더 가지고 오려 해도, 어떤 스님의 손짓 없이는 밥상 위에 그냥 내려놓을 수 없다. 매일 반복되는 이러한 행위를 통해 '주지 않은 것은 가지지 않는다'는 상호 간 약속이 몸에 스며든 것이다.

우리는 살면서 누군가에게 선물을 하거나 받는 경우가 종종 있다. 이때 손이 부끄러워서 혹은 정당한 경우가 아니기에 직접 주지 않고 자리에 놓거나, 다른 물건 사이에 껴서 전달하기도 한다. 이러한 행위는 본래 의도를 떠나 두 번째 계율을 어기는 것이 될 수 있다. 불교 안에서는 무명無名으로 기부를 하더라도, 그 의사를 분명히 밝혀야 한다. 우리의 삶 속에서 소유와 분배는 매우 중요하다. 하지만 모두 탐욕을 수반하기에 마음을 다스리는 방법을 적용해야 이를 조정하는 힘이 생긴다.

그렇다면 어떻게 소유하는 것이 적절할까? 노력 없이 타인에게 의존하거나 일확천금을 기대해서도 안 되고, 무엇보다 재물을 모으되 다른 사람에게 피해를 줘도 안 된다. 불교는 이렇게 재물을 모으는 과정을 꿀벌과 개미의 작업에 비유한다. 마치 벌이 꽃에 상처를 주지 않고 꿀을 모으듯, 벌이 꽃의 수정을 도와주듯 열심히 일하고 모으되 상대를 다치게 하지 말고, 이롭게 해야 한다는 것이다. 그리고 개미가 조금씩 집을 쌓아 올리듯 꾸준한 노력으로 재물을 모아야만 비난받지 않는다는 것이다.[12]

만약 무언가를 소유하는 과정에서 자신과 타인에게 상처를 남긴다면 정당한 방법이 아니다. 소유는 삶을 영위하기 위한 필수 요소이기에 그 자체에 문제가 있는 것은 아니지만, 취하는 방법과 나누는 과정을 통해 칭찬받을 수도, 비난받을 수도 있다.

정당하게 모은 재물은 어떻게 사용해야 할까? 붓다의 제안은 다음과 같다. 소유한 재물은 집안에서의 사용이 첫 번째다. 집안에서 먼저 자신을 위한 지출이 필요하다. 이 지출은 자신의 행복을 돕는다. 그리고 부모, 배우자, 자식의 순으로 재물을 사용한다. 친구와 지인을 위한 사용이 두 번째다.

세 번째로 재해를 대비하는 지출이 필요하다. 재물 손실을 막기 위해 준비하는 것도 재물의 적절한 사용이라 보았다. 네 번째는 헌공獻供이다. 헌공은 친지, 손님, 조상, 국가, 종교 등을 위해 물건을 바치는 것이다. 마지막 다섯 번째는 올바른 수행자를 위한 보시다. 붓다는 자신이 수행자임에도 불구하고, 재물의 마지막 사용처로 수행자에게 보시할 것을 제안한다. 이를 통해 재물을 소유하는 데 가장 중요한 부분이 가정을 안전하게 유지하기 위함이라는 사실을 알 수 있다.

붓다는 재산 유지를 위해 사람들의 소비 형태 역시 고민했다. 특히 지출이 수입보다 적어야만 한다고 강조했다. 예를 들어, 현재 소유한 재물을 호수의 물, 수입을 입수구, 지출을 배수구에 비유한다면, 음주와 도박, 불건전한 관계 등으로 인한 과도한 소비 행위는 배수구의 유출량을 늘리는 것과 같아 곧 호수를 메마르게 한다는 것이다. 즉, 지출이 수입보다 늘어나면 빚을 지게 되고, 빚은 또 다른 불행의 씨앗이 된다. 붓다의 시대나 현재나 행복을 추구하기 위해서는 수입과 지출의 균형이 필수적이고, 이 균형을 위해 탐욕을 조절할 줄 아는 힘이 필요하다.

하지만 현실이라는 경제 논리에서 좀 더 누리기 위해 우리는 오히려 소유를 위해 탐욕을 동력으로 삼는다. 이렇게 불어난 탐욕은 물질적 소유(재물)와 정신적 소유(만족) 사이의 균형을 깨뜨린다. 결국 빚으로 연결되고 불안의 먹이로 전락하기 십상이다. '소욕지족少欲知足'이라는 말처럼 탐욕을 줄이고 만족하지 않는다면 소유를 통한 행복은 멀어질 수밖에 없다.

앞서 설명한 것처럼 불교의 무소유는 물질적 소유를 부정하는 것이 아니라, '탐욕에서 벗어난다'는 의미로 이해해야 한다. 길에서 주운 500원짜리 지폐를 가지지 않는 것은 노력 없이 대가를 바라는 탐욕을 벗어나게 하고, 밥상을 들어 손으로 건드려야만 먹을 수 있다는 수행처의 행위는 주지 않은 것을 가지고 싶어 하는 탐욕을 멀리하도록 한다.

우리가 폭력 없이 정당하게 재물을 얻고, 그 재물로 자신과 가족, 친구들을 기쁘게 하며, 탐욕을 조금씩 내려놓는다면 소유와 동시에 만족을 느낄 수 있다. 더 나아가 나눔은 소유의 가장 아름다운 표현이다. 재물을 나누는 과정을 통해 우리는 만족뿐만 아니라 사랑이라는 경험을 확장하게 된다. 이 과정에서 자신과 타인을 돌보고 마음 성장을 돕는, 물질적 소유와 정신적 소유를 같이 이룰 수 있다. 개인과 사회가 함께하는 소유는 우리 모두를 진정한 부자로 만든다. 정당하게 얻어 함께 나눈다면 소유는 언제나 환영받을 것이다.

두 번째 훈련
줄기, 집중, 정학定學

어느 마법사가 호랑이 뼈에 마법을 불러일으켜

가짜 호랑이 형상을 만들어냈다.

그리고 머지않아 그 마법사는 가짜 호랑이에게 잡아먹혔다.

우리는 자신을 위한다는 명목으로

가짜 호랑이에게 끊임없이 먹이를 준다.

우울과 불안이라는 먹이를 듬뿍 먹고 자란 가짜 호랑이는

어느새 주체할 수 없을 정도로 커져버렸다.

이제는 주인도 알아볼 수 없기에,

언제 무서운 이빨로 달려들지 알 수 없다.

내가 먹이를 주고 있다는 사실을 빨리 알아차려

가짜 호랑이에게 먹이 주는 것을 멈춰야 한다.

지금 당신 옆에도 보이지 않는 호랑이가 앉아 있다.

♥ 원효대사의 「대승육정참회」의 '환호환탄환사', 환영으로 만들어진 호랑이가 그 환영을 만든 마술사를 도로 삼킨다는 내용이다.

두 번째 화살을 알아차려라

어리석은 자는 육체적 고통을 느낄 뿐만 아니라, '왜 나에게 이런 일이 일어났는가' 하고 괴로워하며, 슬픔과 번민에 빠진다. 두 번째 화살을 스스로에게 쏘는 것과 같다.[1]

❀ 우리는 모두 각자 가짜 호랑이 한 마리를 키우고 있다. 이 호랑이는 다른 사람에게는 보이지 않는다. 내가 먹이를 주며 몰래 키우는 호랑이지만, 가짜이기에 나조차도 만질 수도, 볼 수도 없다. 그럼에도 불구하고 이 호랑이는 무엇보다도 무섭다. 이 호랑이가 자라면 어느새 힘이 너무 강해져, 결국 주인인 나까지 잡아먹게 된다. 내가 키운 내 마음이 나를 잡아먹다니, 얼마나 황망하고 두려운 일인가.

가짜 호랑이에게 먹이를 주는 행위를 불교에서는 "두 번째 화살을 맞는 것"이라고 표현한다. 누구나 삶을 살면서 많은 사건을 경험한다. 때로는 넘어지기도 하고, 예상치 못한 사고를 겪기도 한다. 예측하기 어려울 정도로 많은 일을 경험하며, 슬픔과 괴로움을 맞이한다. 이러한 사건과 사고의 발생을 첫 번째 화살이라고 할 수 있다. 어디선가 화살이 날아왔고, 나는 그 화살에 맞았다. 그래서 아프다. 여기까지가 첫 번째 화살의 역할이다.

문제는 우리가 두 번째 화살에 또 맞는다는 것이다. 두 번째 화살은 첫 번째 화살과 달리 내가 나에게 겨누는 화살이다. 첫 번째 화살은 어쩔 수 없이 쏘이는 화살이지만, 두 번째 화살은 내가 나에게 쏘지 않을 수도 있는 화살이다.

한국에서 한 스님이 귀한 시간을 내어 내가 머무는 먼 수행처를 방문했다. 공교롭게도 스님이 수행처에 들어오는 날 여권과 지갑을 잃어버렸다. 낯선 외국에서 여권과 돈을 잃어버린 일은 생각만 해도 아찔한 상황이다. 나는 스님에게 한국 대사관과 경찰에 신고할 것을 제안했다. 스님은 수행처 선원장의 허락을 받고 출타하여 신고를 마치고 수행처로 돌아왔다.

그렇게 하루가 지났다. 스님은 심려가 가득한 얼굴로 말했다.

"저 어떡하죠…. 여권과 지갑을 잃어버렸어요."

사나흘이 지났다. 스님의 얼굴은 여전히 수심이 깊었다.

"어떡하죠…. 여권과 지갑을 잃어버렸어요."

일주일이 지났다.

"내 여권과 지갑…."

열흘이 지났다.

"내 여권과 지갑… 어떡하지…."

수행 면담 시간마다 걱정을 되풀이하는 이 스님에게 지도 스님이 물었다.

"억울하지 않으세요?"

"여권과 지갑을 잃어버려서 당연히 억울하죠."

"아니요. 잃어버린 것도 억울한데, 지금 계속 마음마저 빼앗기고 있으니 억울하지 않으시냐는 뜻입니다."

시간을 내어 머나먼 곳까지 수행을 위해 찾아왔고, 실수로 잃어버린 것인지, 누군가 훔쳐간 것인지 모르겠으나 여권과 지갑을 잃어버렸으니 억울할 수밖에 없다. 첫 번째 화살을 맞은 것이다. 아프고 속상하다. 그런데 우리의 마음은 후회와 걱정이라는 두 번째 화살을 마련하여 나에게 다시 쏘기 시작한다.

문제는 이 화살이 더 아프고 더 오래 간다는 것이다. 잃어버린 것도 속상한데, 내가 나 자신을 스스로 괴롭히고 있으니, 어찌 억울하지 않을 수 있겠는가. 두 번째 화살은 내가 쏘는 화살이기에, 내가 원하면 멈출 수 있다. 멈출 수 있는데도 멈추지 않아 아프니, 얼마나 억울하겠는가.

물론 두 번째 활쏘기를 멈추기가 쉬운 일은 아니다. 그래서 붓다는 제자들에게 두 번째 활쏘기를 멈추는 연습을 시켰고, 이 방법을 수행이라고 한다. 붓다가 제안한 연습은 일어난 일에서 다른 대상으로 마음을 우회시키거나, 바로 직면하는 방법을 사용한다. 만약 내가 이 일을 감당하기 어렵다면, 잠시 다른 대상에 집중하여 우회하는 방법을 쓴다. 그리고 내가 이를 감당할 힘이 있다면, 직접 자세히 바라보고 살피는 직면의 방법을 사용한다. 우회의 방법을 위해서는 주로 사마타 수행을 적용하고, 직면의 방법을 위해서는 주로 위빠사나 수행을 적용한다.

우회든 직면이든 모두 두 번째 활쏘기를 멈추기 위한 방법이다. 내가 키우는 가짜 호랑이에게 더 이상 먹이를 주지 않는 방법인 것이다. 두 가지 방법 모두 마음을 대상에 머물게 하는 힘이 필요하다. 이 두 방법을 집중명상과 마음챙김 명상이라고 부른다. 붓다는 「화살경」을 통해 다음과 같이 설한다.

"어리석은 자는 육체적 고통으로 괴로움을 느끼고, 정신적 고통으로 또다시 괴로움을 느낍니다. 어리석은 자는 육체적 고통을 괴로움으로 받아들일 때, 잘못된 방식으로 생각하기 때문입니다. 그리하여 그는 육체와 정신, 두 가지 괴로움을 모두 경험합니다. 마치 어리석은 자가 화살에 맞으면, 그 화살로 인한 육체적 괴로움뿐만 아니라, 정신적 괴로움까지 느끼듯이, 어리석은 자는 육체적 고통에 더해 잘못된 방식으로 생각함으로써 두 가지 괴로움을 모두 겪게 됩니다."[2]

삶에는 누구도 피할 수 없는 첫 번째 화살이 찾아온다. 그러나 두 번째 화살은 내가 쏘지 않을 수 있다. 내 안에 자라나는 가짜 호랑이를 조용히 바라보고, 알아차릴 때 마음의 평온이 찾아온다.

스스로를 괴롭히는 생각의 흐름을 멈추고 자비와 지혜로 나 자신을 품을 때, 비로소 괴로움의 굴레에서 벗어날 수 있다. 오늘도 내 마음에 평온이 깃들기를 고요히 바라본다.

가짜 호랑이를 마주하는 법

비구들이여, 땅꾼이 뱀을 잡고자 찾아다니다가 커다란 뱀을 보았다고 하자. 땅꾼이 뱀의 몸통이나 꼬리를 잡는다면, 뱀은 바로 되돌아 그자의 손이나 팔이나 몸을 물어버릴 것이다. 이로 인해 그는 극심한 고통을 경험하거나 죽음에 이를 것이다. 그것은 무슨 이유인가? 비구들이여, 뱀을 잘못 잡았기 때문이다. 비구들이여, 땅꾼이 뱀을 잡고자 찾아다니다가 커다란 뱀을 보았다고 하자. 땅꾼이 뱀을 염소 발 모양의 막대기로 뱀의 머리를 잘 붙잡는다고 하자. 비구들이여, 뱀은 바로 되돌아 그자의 손이나 팔이나 몸을 몸통으로 휘감겠지만 이로 인해 그는 극심한 고통을 경험하거나 죽음에 이르지 않을 것이다. 그것은 무슨 이유인가? 비구들이여, 뱀을 잘 잡았기 때문이다. 지혜로 법을 잘 살피는 자는 긴 세월 이익과 행복을 얻을 것이다. 그것은 무슨 이유인가? 비구들이여, 법을 잘 파악했기 때문이다.[3]

우리는 우울과 불안 같은 부정적인 정서를 스스로 만들어내고 키운다. 많은 사람들이 문제를 해결하기 위해 과거를 반복적으로 회상하거나 미래를 염려하지만, 이러한 생각을 반복할수록 감정은 걷잡을 수 없이 커져간다.

감정들이 커질수록 우리는 스스로 조절하는 능력을 잃어버리기도 한다. 더 큰 위협으로 이어지지 않으려면 무엇보다 내가 이러한 감정을 키우고 있다는 사실을 알아차려야 한다. '내가 또 가짜 호랑이에게 먹이를 주고 있었구나'라고 인식하면, 그 순간 비로소 그 생각을 멈출 기회를 얻게 된다. 그러나 멈춤도 잠시뿐, 머지않아 그 생각이 다시 떠오른다.

반복적인 생각을 멈춘 순간, 우리는 의도적으로 마음을 다른 대상으로 옮겨야 한다. 이때 집중이 필요하다. 또는 그런 생각들로 인해 나의 상태가 어떤지를 객관적으로 인식해야 한다. 이때 다시 알아차림이 필요하다. 이러한 과정을 통해 우리는 명상을 실천할 수 있다. 우리는 명상을 통해 마음을 다른 대상으로 옮길 수 있을 뿐만 아니라, 우리가 경험하는 현상을 객관적으로 알아차릴 수 있다.

따사로운 햇살 아래, 토끼 한 마리가 한가로이 풀을 뜯어 먹고 있다. 그런데 갑자기 저쪽에서 호랑이가 나타났다. 토끼는 어떻게 할까? 바로 잽싸게 도망칠 것이다. 정신없이 도망가다 뒤를 돌아보니 호랑이가 보이지 않는다. 토끼는 어떻게 할까? 아마도 다시 한가로이 풀을 뜯어 먹을 것이다.

따사로운 햇살 아래, 연인이 한가로이 소풍을 즐기고 있다. 그런데 갑자기 저쪽에서 호랑이가 나타났다. 이들은 어떻게 할까? 풀을 뜯어 먹던 토끼처럼 도망칠 것이다. 정신없이 도망가다 뒤를 돌아보니 호랑이가 보이지 않는다. 연인은 어떻게 할까? 다시 그 자리에 돗자리를 깔까, 아니면 계속 소풍을 즐길까? 아마도 '아까 그 호랑이가 어딘가 숨어 있을 거야', '떼로 몰려올 거야' 등 오만 생각으로 주변을 빨리 벗어나고 싶은 마음이 간절할 것이다. 그리고 다시는 그 근처에 가지도 않을 것이다.

이처럼 사람은 토끼와 다르다. 토끼는 다시 풀을 뜯지만 우리는 다시 소풍을 즐기지 못한다. 토끼는 실재하는 것만 두려워하지만, 우리는 실재하는 것뿐만 아니라, 실재하지 않는 것도 두려워한다. 왜 이렇게 다를까? 우리는 호랑이를 상대할 만한 날카로운 손발톱, 강한 이빨과 턱이 없다. 동시에 호랑이에게서 도망갈 수 있게 도와줄 단단한 근육으로 이루어진 다리도 없다.

그럼에도 불구하고 인류는 맹수들과 여러 악조건 사이에서도 수백만 년을 버티고 현재까지 살아남았다. 과연 어떤 힘이 우리를 살아남도록 도왔을까? 아마도 긴장과 불안이 생존을 위한 강력한 방패로 사용되었을 것이다. 아주 오랫동안 인류는 긴장하고 불안하게 지내는 것이 한가로이 지내는 것보다 생존에 유리함을 잘 알고 있었다.

현재 동물원에 가지 않고서는 일상에서 호랑이를 만날 수 없다. 우리는 이빨로는 깰 수 없는 단단한 콘크리트 건물에서 생활하고, 쇳덩어리로 만들어진 교통수단으로 호랑이보다 빠르게 이동한다. 이제는 어떤 맹수도 우리의 생존을 위협하지 못한다. 그럼에도 불구하고 우리의 방어 체계는 여전히 활성화되어 있다. 오히려 더 빠르고 광범위하여 실재하는 상황뿐만 아니라, 실재하지 않는 상황에서도 자주 작동한다.

생존과 상관없는 수많은 장면에서 큰일이든 작은 일이든, 오늘 일이든 내일 일이든 쉴 새 없이 '나를 보호해야 한다'는 명목으로 불안을 키워나간다. 긴장과 불안은 맹수와 열악한 환경에서 나를 보호하기 위한 생존 수단이었지만, 이제 우리를 잡아먹으려는 또 다른 맹수로 변해버리고 말았다. 더욱 안타까운 것은 그 맹수가 내 안에서 자리 잡고 앉아 있다는 점이다.

나는 십수 년 전 외상후스트레스장애PTSD 진단을 받은 적이 있다. 다툼으로 인한 폭행에 머리가 찢어져 피가 온 얼굴을 덮어버릴 정도였다. 머리를 꿰매고 얼마간의 입원 후에 퇴원했다. 시간이 조금 지나자 몸에서 나타나는 불편함은 크게 문제가 되지 않았다.

하지만 내 안에 둥지를 틀고 있던 불안은 조금씩 모습을 드러내기 시작했다. 그리고 곧 나의 생각과 행동 범위를 제한했다. 사건과 그로 인해 발생한 일, 관계자들, 오해와 배신, 아군과 적군, 압박과 부담, 해결책 등으로 나타난 불안은 나를 보호하기 위해서라며 결코 떠나려 하지 않았다. 이 사건과 관련되지 않은 생각은 머리에서 일어날 틈도 없었고, 생각할 가치조차 없는 것 같았다.

나는 무서운 호랑이를 만났기에 다시는 그 자리에 가지 않았지만, 마음은 몸과 달리 늘 그 자리를 배회했다. 내 마음은 그 호랑이를 품고 단 하루도, 단 한시도 놓아주지 않았다. 오히려 멀쩡해진 몸이 반복되는 생각으로 다시 반응했다. 심장은 두근거리고 침은 마르고, 헛구역질과 두통이 일어났다. 오히려 꿰맨 머리보다 내가 새로이 만들어낸 신체 반응들이 더욱 불편했다. 심지어 불면증은 이 모두를 반복시키는 구심점 역할을 톡톡히 해냈다.

다행히 평소 잘 알고 지내던 정신과 선생님의 처방으로 잠시나마 휴식을 얻었다. 심장이 두근거리면 잠으로, 다람쥐 쳇바퀴 돌리듯 생각이 반복되면 잠으로 잠시 멈출 수 있었다. 하지만 약물의 힘으로 빠져드는 잠은 내 몸과 마음을 무겁게, 더 무겁게 아래로 침잠시켰다.

평생을 수행자로 살기로 각오했던, 늘 현존과 자각을 강조하던 내가 막상 나에게 문제가 생기자 처참히 무너졌다. 약물은 도움이 되었지만 지속하기에는 부담스러웠다. 약물을 멈추고 할 수 있는 작업은 내 안에 살고 있는 호랑이를 내쫓는 것이 아니라, 인정하는 것에서 시작되었다. 나는 불안과 고민이 사라지기를 바라기보다, 이들이 나타날 때마다 내가 불안해하고 있음을 인정했다. 더 나아가, 불안이 나타날 때 몸이 어떻게 반응하는지 알아차리려 시도했다.

처음부터 불안이라는 마음 자체를 직접 바라보기에는 힘이 부족했다. 어느새 습관화된 불안의 소용돌이 속으로 내가 빨려 들어가 버릴지도 모르기 때문이었다. 하는 수 없이 불안으로 인해 나타나는 몸의 반응을 알아차리는 것부터 먼저 했다. 신기하게도 몸의 반응을 관찰하자 불안하지 않았다. 몸의 감각을 바라보는 것만으로도 불안은 현저하게 줄어들었다. 내 마음이 불안을 키우는 먹이였는데 내 마음을 다른 곳에 두니, 먹이 없이 굶은 불안은 시들시들 힘을 잃었다. 이러한 연습을 계속 이어나갔고, 머지않아 몸뿐만 아니라 마음도 직접 바라볼 수 있게 되었다. 마음의 힘은 점점 자라 이제 나는 어느 곳에 있어도, 어느 누구를 만나도 그 일로 인해 불안하지 않다.

불안은 인류의 생존을 위한 필수 조건이었다. 오랜 시간 우리와 함께했고 이미 우리 안에 잠식되어 있다. 그렇기에 상황에 따라 일어나는 불안은 자연스러운 현상이다. 다만, 예상치 못한 일에 불안이 커지고 그것이 '나를 위한다는 생각'으로 과도해지면 먹이 조절에 실패하는 경우가 종종 생긴다.

그러니 조심해야 한다. 먹이를 많이 주면 어느새 자란 가짜 호랑이가 나를 물어버릴지도 모른다.

분노를 가라앉히는 가장 지혜로운 방법

비구들이여, 실로 나는 내적으로 마음을 안정하고, 제어하고, 한곳에 집중하고, 통일한다. 그것은 어떤 이유인가? 나의 마음이 방해되어서는 안 되기 때문이다.[4]

❦ 어린 시절 겁이 많던 나는 무서운 꿈을 자주 꾸었다. 하루는 공룡에게 쫓기는 꿈을 꿔 잠에서 깨자마자 두려운 마음에 할머니를 찾아갔다.

"할머니, 저 무서운 꿈을 꿨어요. 무서워서 다시 못 잘 것 같아요."

"아이고 내 새끼, 무서운 꿈을 꿨구나. 그럼 이제 할머니가 시키는 대로 해봐라. 이제부터 마음속으로 '옴마니밧메훔om maṇi padme hūṃ' 하고 외우는 거야. 그럼 다시 무서운 꿈을 안 꿀 거야."

나는 할머니가 시키는 대로 '옴마니밧메훔'이라고 주문을 외우듯이 마음속으로 읊조렸다. 도대체 옴마니밧메훔이라는 여섯 글자와 내 공룡 꿈이 무슨 상관이 있을까? 번역하자면 "옴, 연꽃 속에 보석이여, 훔"이라는 의미를 지닌 육자진언이 내 두려움과 무슨 연관이 있을까? 할머니는 무서운 꿈으로 떨고 있는 나에게, 죄악을 소멸하고 공덕을 쌓고 영험한 기운이 넘치길 바라는 마음으로 육자진언을 외우라고 시키지는 않았을 것이다.

나는 방에 돌아가 할머니가 알려준 대로 '옴마니밧메훔', '옴마니밧메훔', '옴마니밧메훔'이라고 속으로 되뇌었다. 만약 내가 이를 하지 않았다면 나는 방으로 돌아와 무엇을 했을까? 아마도 나를 쫓아오던 공룡만 생각했을 것이다. 그리고 꿈속 공룡보다도 더 크고 무섭고 날카로운 이빨을 가진 공룡들을 상상했을 것이다. 하지만 나는 할머니가 알려준 만트라(진언)를 마음에 새기느라 공룡을 생각할 겨를이 없었다. 결과적으로 나는 무서운 생각에서 벗어나, 다른 대상에 마음을 둘 수 있었다.

단순하다고 생각하겠지만 이것이 명상에서 집중의 역할이다. 집중은 내가 당면한 위기나 어려움, 부정적인 정서로부터 잠시 우회하여 마음을 다른 쪽으로 돌리는 역할을 해준다. 집중을 잘 활용하면 예상치 못한 위기 상황도 벗어날 수 있다. 우리는 살면서 끊임없이 시련을 경험한다. 이 시련들을 모두 직면하는 것은 불가능하다. 집중은 우리가 당면한 문제에서 잠시 벗어나도록 도와줄 수 있다.

다른 예를 들어보자. 만약 운전 중에 어떤 차가 방향 지시등도 켜지 않고 내 앞으로 갑자기 끼어들었다고 가정해 보자. 아마도 깜짝 놀랄 것이고, 위협을 받았다는 생각에 곧 화가 날 것이다. 사고가 안 나서 다행이지만 '도대체 왜 저렇게 운전해!'라는 생각이 치솟고 온갖 신경이 앞차에 쏠리면서 분노가 커져간다. 마음속에서는 앞차 운전자를 욕하는 것을 시작으로, 아주 짧은 시간 동안 온갖 상상력을 동원한다. '아마 저 운전자는 폭력적인 가정환경에서 불행한 유년 시절을 보냈을 거야', '열악한 환경이 원인이 되어 지금 저런 난폭 운전을 일삼을 거야' 등등 사실과는 상관없는 부정적인 생각들이 일어난다.

이를 먹이 삼아 분노를 더욱 키우고, 더 심각해지면 마음이 아닌 몸에서 반응이 일어난다. 심장이 두근거리고 얼굴이 뜨거워지고, 급기야 창문을 열고 욕을 하거나, '내가 저 버릇을 고쳐줘야겠다'는 생각에 사로잡혀 거칠게 앞차를 추월하며 보복 운전을 서슴지 않을 것이다.

그런데 만약 분노하는 나를 알아차리고, 마음을 잠시 우회하여 다른 대상으로 돌릴 수 있다면 어떨까? 앞차 운전자에 대한 생각에서 벗어나 나 혹은 다른 대상으로 마음을 옮겨보면 어떨까? 이를 위해 먼저 나를 바라보는 방법이 있다. 내가 분노하고 있음을 인지하고, 내 상태를 주시하는 것이다. 이후 내 상태에 걸맞은 이름을 붙여보는 것이다. '지금 내가 화가 났구나', '내 손이 떨리고 있구나', '심장이 두근거리고 있구나', '얼굴이 달아오르고 있구나' 등으로 알아차리는 것이다. 이 방법으로 앞차 운전자에 대한 망상을 줄이고, 나에게 좀 더 집중할 수 있다. 이때 내 마음 상태를 확인하려 하기보다는 신체 반응과 감각에 주의를 두는 것이 더 수월하다.

다른 방법은 생각을 아예 다른 쪽으로 우회시키는 것이다. 할머니가 알려준 '옴마니밧메훔'처럼 진언을 외우거나, 종교에 따라 「주기도문」이나 「사도신경」을 외우는 방법도 있을 것이다. 혹은 분노에 대치하는 생각을 문구로 만들어 반복적으로 외움으로써 분노가 설 자리를 빼앗는 방법도 있다. '저 운전자는 전생에 나의 어머님이었다', 혹은 분노로 가득한 나를 향해 '부디 내가, 편안하기를…', '부디 내가, 행복하기를…' 하고 속으로 외우는 것이다. 운전자를 향해 '부디 저 운전자도, 편안하기를…' 등의 문구를 반복적으로 외우는 것도 가능하다.

우리에게 나타나는 두려움과 분노를 직면할 수 있다면 좋겠지만, 지금 당장 어렵다면 이처럼 우회하는 것도 방법이다. 그리고 집중을 훈련하면 집중력이 생긴다. 집중력이 좋아지면 현상을 피하거나 우회하지 않고도 직면할 수 있게 된다. 또한 내 상태를 자세히 알아차리고 문제를 해결하는 힘도 생길 것이다.

내가 누군가를 미워하고 있다면

그것은 나의 탓이다

달리는 마차를 능숙하게 다루듯이 일어나는 분노를 잘 다스리는 사람, 나는 그를 진정한 마부라 부른다. 그렇지 못한 자들은 말고삐만 잡고 있을 뿐.[5]

윗집 아이는 힘이 좋았다. "쿵, 쿵, 쿵!" 적어도 세 시간 정도는 뛴 것 같았다. 그날은 중요한 작업을 하고 있었던 터라, 예민하고 신경이 더 날카로워져 있었다. 결국 참지 못하고 위층으로 올라갔다.

화난 마음을 티 내지 않으려 가라앉히고 벨을 누르니 한 아주머니가 인터폰으로 어디서 왔냐고 물었다. 아랫집에서 왔다고 하니 현관문을 열어주었다. 화가 난 것은 사실이었지만, 평소 층간 소음은 건축상의 문제일 뿐만 아니라, 공동주택에 사는 현대인의 과제라고 생각했다. 또한 이 때문에 이웃 간에 불편해지는 것이 싫어 최대한 정중히 부탁했다.

"지금 제가 중요한 작업을 하고 있습니다. 아이가 뛴 지 시간이 꽤 되었는데, 조금만 자제시켜 주시면 감사하겠습니다." 내 마음이 잘 전달되었는지 모르겠으나, 윗집 아주머니는 집 안으로 잠시 들어와 보라고 했다. 현관 안으로 들어가니, 마루를 가리키며 이렇게 말했다. "저기 깔린 매트 보세요. 두툼하죠? 제가 마트에서 제일 비싼 걸로 산 거예요. 그리고 지금 재가 뛴다고 하시는데, 저 작은 애가 뛰면 얼마나 뛴다고 그러세요?" 나는 더 이상 아무 말도 할 수 없었다. "아… 알겠습니다" 하고 그냥 내려오는 수밖에 없었다. 혹 떼러 갔다가, 혹 하나 더 붙이고 온 기분이었달까. 괜히 올라갔나 하는 생각까지 들었다.

집으로 내려오자 내게 이상한 일이 생겼다. 윗집에 찾아가기 전보다 청력이 더 예민해진 것이다. 내 귀는 천장에 바짝 달라붙어, 이제 아이가 움직이는 동선까지 파악하기 시작했다. '아, 화장실 쪽으로 뛰는구나.' '아, 제자리에서 빙빙 돌고 있구나.' '아, 소파에서 뛰어내렸구나.' 윗집에 올라가 얻은 것이라고는 더욱 예민해진 청력뿐이었고, 이는 나를 더 자주 화나게 했다. 게다가 아이의 뛰는 소리가 들리면, 소리뿐만 아니라 아주머니의 말투와 표정까지 연상되었다. '아, 괜히 올라갔다.'

나는 윗집에 왜 올라갔을까? 먼저 층간 소음이 싫었고 내가 억울하게 피해를 보고 있다고 생각했다. 그리고 아주머니와 아이를 내 뜻대로 조정하고 싶었다. 내가 원하는 대로 상대를 움직이려 한 것이다. 하지만 그러지 못했다. 혹시 나의 발상부터 잘못된 것은 아닐까? 우리가 누군가를 조정한다거나, 누군가의 마음을 바꾼다는 것이 가능한 일이기는 할까? 결론부터 말하자면 쉽지 않을 뿐만 아니라 불가능하다.

내 앞에 서서 길을 막고 있는 사람을 한 발짝 옆으로 움직이려 한다고 해보자. 가능할까? 물론 밀거나 비켜달라고 하면 가능할지 모르나, 그것도 상대가 동의했을 때나 가능하다. 수백 명이 모여 상대가 움직이길 바라도, 그가 싫다면 한 걸음도 움직이지 않을 것이다. 그가 스스로 움직이기 전까지 우리는 그를 움직이게 할 수 없다. 나는 수백 명이 모여서도 못하는 일을, 윗집에 올라가 말 한마디로 해결하려 했다. 게다가 내 뜻대로 안 되니 화까지 냈다. 결국 불가능한 일을 하려 했고, 바라는 대로 되지 않아 괴로워한 것이다. 이 얼마나 어리석은 일인가.

물론 직장에서, 학교에서, 집에서 우리는 구성원들에게 도움을 청하거나 명령을 하고, 서로의 부탁을 들어주거나 지시 사항을 따른다. 야근도 시킬 수 있고, 리포트도 작성하게 할 수 있고, 청소나 빨래도 시킬 수 있다. 상대를 한 걸음이 아니라 열 걸음 이상 움직이게 할 수 있는 것이다.

하지만 서로 이해관계가 없는 상태에서도 이러한 지시와 순응이 가능할까? 상호 이익과 손해가 없는 관계에서도 우리는 상대를 조정할 수 있을까? 불가능하다. 당신은 급여를 받지 못함에도 불구하고 직장 생활을 하겠는가? 존경과 성장이 없음에도 불구하고 헌신하겠는가? 만약 그렇다면 통제와 조정을 당하고 있는 것은 아닌지 의심해야 한다. 우리가 타인을 조정할 수 있다면, 그 관계 안에는 물질이든 정신이든 이해관계가 전제되어 있다.

우리는 누군가를 싫어하거나 미워하기도 한다. 그 사람이 내 뜻대로 해주어서 미운 것인가, 안 해주어서 미운 것인가? 내 뜻대로 해준다면 미워할 이유가 없다. 그 사람이 내 뜻대로 잘 움직여 주어서 화가 나는가, 아니면 그렇지 않아서 화가 나는가? 상대가 내 뜻대로 움직여 준다면 화날 리가 없다. 하지만 나는 상대를 조정할 수 없고, 이해관계가 없는 상태에서 상대는 내 뜻을 따를 이유가 없다. 그저 서로 배려의 차원에서 의견을 존중해 주는 것뿐이다. 만약 서로 반하는 손익 관계가 생기면 이런 배려도 언제든지 사라질 수 있다.

이때 필요한 것은 상대적으로 조절이 가능한 나에게 접근하는 것이다. 우선은 내가 지금 무엇을 하고 있는지, 지금 내 마음이 어떤지 아는 작업이 필요하다. 이것을 '알아차림'이라고 부른다. '내가 상대를 조정하려 했구나,' '내 뜻대로 되지 않아 화가 난 거구나,' '내가 지금 화내고 있구나' 등등 알아차리는 것이다. 물론 이러한 알아차림이 아이가 뛰는 것을 멈추게 해주지도 않고, 싫어하는 사람이 좋아지도록 마음을 바꿔주지도 않는다. 알아차림이 아무리 강해도 층간 소음이란 문제를 해결하는 것은 아니다. 하지만 알아차림은 나의 현재 상태를 알게 해주고, 내가 지금 누군가를 싫어한다는 사실을, 그 마음이 점점 커지고 있다는 사실을 알게 해준다.

우리는 알아차림의 도움으로 분노가 점점 커지는 것을 멈추게 할 수 있다. 층간 소음의 발생은 내 탓이 아니다. 하지만 내가 누군가를 미워하고 있다면 그것은 나의 탓이다. 이 연습을 반복하면 우리는 능숙한 마부처럼 세상의 흔들림 속에서도 마음을 다스릴 수 있다. 의도하지 않은 방향으로 분노라는 불길이 번지지 않도록 연습해야 한다.

'화'에 대한 불교 이야기

　　사람의 마음을 심층 깊게 다루는 초기불교의 논서論書는 사람이
화를 내는 이유에 대해 다음과 같이 열 가지로 설명한다.

1) '그자가 나에게 손해를 끼쳤다'라는 생각에 화가 난다.
2) '그자가 나에게 손해를 끼친다'라는 생각에 화가 난다.
3) '그자가 나에게 손해를 끼칠 것이다'라는 생각에 화가 난다.
4) '그자가 내가 좋아하고 마음에 드는 사람에게 손해를 끼쳤다'라
　　는 생각에 화가 난다.
5) '그자가 내가 좋아하고 마음에 드는 사람에게 손해를 끼친다'라
　　는 생각에 화가 난다.
6) '그자가 내가 좋아하고 마음에 드는 사람에게 손해를 끼칠 것이
　　다'라는 생각에 화가 난다.
7) '그자가 내가 좋아하지 않고 마음에 들지 않는 사람에게 이익을
　　주었다'라는 생각에 화가 난다.
8) '그자가 내가 좋아하지 않고 마음에 들지 않는 사람에게 이익을

준다'라는 생각에 화가 난다.

9) '그자가 내가 좋아하지 않고 마음에 들지 않는 사람에게 이익을 줄 것이다'라는 생각에 화가 난다.

10) 혹은 이유 없이 화가 난다.[6]

과거, 현재, 미래로 구분하여 세 가지씩 제시되는 아홉 가지 이유와 이유를 알 수 없는 한 가지 이유다. 먼저 1) 과거에 나에게 손해를 끼쳤거나, 2) 현재에 나에게 손해를 끼치고 있거나, 3) 미래에 나에게 손해를 끼칠 것 같다는 생각이 일어나면 화가 난다. 여기서 주목할 부분은 '나' 자신과 '생각'이다. 과거에 내가 손해를 입었거나, 현재 내가 손해를 입고 있거나, 미래에 내가 손해를 입을 것이라는 생각이 화를 일으킨다. 실제 상황이 아니더라도 '~할 것이다'라는 미래의 '생각'조차 화를 일으키는 것이다.

이러한 화는 나뿐만 아니라 내가 좋아하는 사람과 내가 싫어하는 사람과도 밀접하게 연결된다. 내가 싫어하는 사람이 내가 좋아하는 사람에게 손해를 끼쳤거나, 끼치고 있거나, 혹은 끼칠 것이라는 생각은 화를 일으킨다. 심지어 내가 싫어하는 사람에게 과거, 현재, 미래에 이익을 준다는 생각만으로도 화가 일어난다.

정리하자면, 화의 주요 요인은 나 혹은 나와 관련된 사람과의 이해관계에 있다. 흥미로운 점은 실질적으로 손해를 보는 것과는 상관없이 생각만으로도 화가 일어난다는 것이다. 2500여 년 전에도, 지금도 사람이 화가 나는 이유에는 별반 다를 것이 없어 보인다. 붓다는 화가 나서 다른 사람을 비난하는 것에 대해 다음과 같이 설한다.

"아뚤라여, 이것은 옛날부터 있던 것으로 오늘날 새로운 것이 아니다. 침묵하고 있어도 비난하고, 말을 많이 해도 비난하고, 적당히 말해도 비난하니, 세상에서 비난받지 않는 사람은 없다."[7]

이 세상을 살면서 화가 나고 누군가를 비난하거나 비난받는 것은 너무나 당연한 일일지도 모른다. 우리의 당면 과제는 화가 나지 않도록 하는 것보다, 일어난 화를 어떻게 다스릴 것인가에 있으리라.

명상이 망상이 되지 않도록

망상을 없애고 바르게 집중에 드는 자는 고결한 마음으로 완전한 해탈을 이룬다. 그는 홀로 숲에 살더라도 게으르지 않아 죽음의 세계로부터 피안으로 건너간다.[8]

❦ 수행을 하다 보면 장애를 만난다. 처음 시작하는 사람들에게 나타나는 장애에는 세 가지가 있다. 바로 통증, 졸음, 망상이다. 모두 피하고 싶은 현상들이지만 안타깝게도 누구에게나 나타난다. 물론 통증과 졸음은 수행의 대상으로서 나름의 역할을 한다.

통증은 어느 감각보다도 강렬하기에 집중과 관찰의 대상이 될 수 있다. 통증이 있는 동안에는 졸음과 망상이 쉽게 일어나지 못한다. 통증은 강렬하기에 집중의 대상으로 삼기에 나쁘지 않다. 졸음 역시 집중과 관찰의 대상이 될 수 있다.

불교는 졸음을 몸이 졸린 것과 마음이 졸린 것으로 나눈다. 졸음은 생리 현상에 가까우며, 인식과 감각기관이 몽롱해지는 상태를 의미한다. 따라서 몸이 졸릴 때 졸음이라 부른다. 마음이 졸린 경우에는 마음이 무겁게 가라앉고 처지는 심리 상태로 나타난다. 정신이 흐리멍덩하고 무기력한 상태가 지속되기에 혼침惛沈이라 부른다. 이역시 집중과 관찰을 통해 눈꺼풀이 무거워지는 느낌이나 몽롱해지는 느낌 등을 알아차릴 수 있다. 물론 처음에는 알아차리다 잠에 빠지기를 반복하지만 충분히 알아차림이 가능하다.

하지만 망상은 숨어 있는 복병과도 같다. 언제 나타날지 예상하기 어렵다. 게다가 망상이 시작되면 야생마처럼 날뛰기 바쁘다. 우리 안에 가두려 해도 계속 뛰쳐나가려 발버둥을 친다. 그러고는 결국 어딘가로 나가버린다. 망상은 통증과 졸음처럼 몸의 감각을 통해 경험하기 어렵기에 그 속도가 달라, 다스리기도 쉽지 않다. 따라서 망상의 흐름을 집중과 관찰의 대상으로 삼는 것은 불가능하다. 누군가 이를 집중과 관찰의 대상으로 삼는다고 말한다면, 아마도 망상을 즐기고 있다는 표현이 맞을지도 모른다. 망상은 집중과 관찰의 대상이 아닌 '멈춤'의 대상이다.

불교 수행과 인연을 맺은 지 30여 년이 넘었다. 머리를 자르고 수행자로 출가하여 다양한 명상법과 여러 스승을 만나기도 했다. 스리랑카, 미얀마, 태국 등 동남아 지역뿐만 아니라 서구의 명상센터까지 서른여 곳을 경험했다. 현재도 대학에서 명상을 연구하고 지도하고 있다. 그러다 보니 어떤 사람은 내가 좌선을 시작하면 바로 몰입하거나 선정에 들 수 있을 거라 생각하지만, 안타깝게도 사실이 아니다. 나는 매일 아침을 명상으로 시작하지만, 명상 중 많은 시간을 방황하는 마음으로 보낸다. 이렇게 끊임없이 방황하고 흩어져 퍼지는 마음이 '망상'이다.

망상은 '희론戱論'이라고도 부르는데, 진리를 왜곡하거나 혼란스럽게 만드는 언어적 표현을 의미한다. 희론은 대상을 개념화하고, 그에 대한 집착으로 현상의 본질을 정확히 반영하지 못하여 오류를 야기할 수 있다. 과거 인도에서는 이러한 생각이 '마치 주먹 쥔 손에서 손가락 다섯 개를 펼치듯 빠르고 넓게 확산된다'는 뜻에서 '쁘라빤짜prapañca' 혹은 '빠빤짜papañca'라고 불렀다. '쁘라'는 '확산', '빤짜'는 '다섯'이라는 뜻이다.

이처럼 망상은 마음속에서 실재하지 않는 생각이나 관념을 끊임없이 만들어내는 작업이다. 망상 중에는 지나간 과거나 다가오지 않은 미래에 대한 허망한 생각들을 끼워 넣는다. 결과적으로 망상에 잠기면 있는 그대로 보기보다는 왜곡된 시선으로 바라보거나 혼란에 빠지기 쉬워진다.

누군가는 고요하게 앉아 눈을 감고 명상을 할수록, 집중이 아니라 망상이 늘어난다고 말하기도 한다. 만약 명상을 하는 중에 집중의 대상을 선정하지 않고 그저 고요하게 앉아 있거나 누워 있으면, 망상은 정말 끊임없이 늘어날 것이다. 하지만 집중의 대상이 분명하고 망상을 하고 있다는 사실을 인지한다면 다스릴 수 있다. 안타깝지만 망상에 빠진 사람은 자신이 망상을 하고 있다는 사실도 잘 모른다.

명상을 지도하다 보면 자신에게는 망상이 일어나지 않았고, 그저 편안히 앉아 있었다며 흡족해하는 사람을 종종 본다. 사실 대부분의 경우 망상이 없었던 것이 아니라 망상을 했는지 모르는 것이다. 집중의 대상을 자주 놓쳐 명상을 하는 것인지 망상을 하는 것인지 모르겠다고 말하는 사람도 있다. 이 경우는 오히려 망상에서 벗어나려 시도한 것이다. 망상이 집중에 방해되고 많이 일어난다는 사실을 경험하고 있다는 반증이다. 따라서 명상을 하면 망상이 늘어나는 것이 아니라, 명상을 하면 할수록 망상이 많다는 사실을 알게 된다가 적절한 표현일 것이다.

나는 주로 호흡의 감각을 알아차리기 위해 노력한다. 특히 집중의 기본 대상으로, 호흡으로 인해 일어나고 사라지는 배의 감각을 관찰하는 것을 선호한다. 물론 상황에 따라 호흡 속도를 조절하거나, 코끝에 닿는 호흡 지점에 주의를 두기도 한다. 하지만 배의 감각을 관찰하는 것에서 시작하는 게 익숙하다 보니, 이제는 눈을 감으면 마음이 저절로 배에 간다. 두 다리를 접고 엉덩이를 바닥에 대고 앉아 있으면 마치 바닥이 나를 받쳐주는 듯한 안정감을 느낀다. 그리고 호흡으로 인해 움직이는 배의 감각에 살포시 마음을 얹는다. 호흡은 가능한 한 자연스럽게 하도록 놔두는 것이 중요하다. 이렇게 하면 마치 둥지를 트고 알을 품은 새처럼 나만의 편안한 공간이 생긴 듯 기분도 편안해진다.

이러한 편안함이 오래가는 것은 아니다. 편안하게 앉아 배를 바라보고 있으면, 배의 움직임은 온데간데없이 사라지고, 가차 없이 온갖 망상이 피어오른다. 당면한 문제, 싫어하는 사람 등 가짓수도 헤아릴 수 없이 다양하다. 게다가 집중력이 좋아지면 망상도 진화한다. 망상이 망상인 줄 알면 멈추기가 수월하겠지만, 어찌나 교묘한지 마치 나에게 꼭 필요한 생각인 것처럼, 과거를 반성하고 미래를 준비하기 위해 꼭 해야만 하는 생각처럼 당당하게 모습을 드러낸다. 누구보다 나를 가장 잘 아는 내 생각이 나를 교묘하게 속이니 망상이라 알아차리기 쉽지 않다.

이렇게 망상들이 꼬리에 꼬리를 물다 보면, 어느덧 결과가 나타난다. 끊임없는 망상의 결과는 대부분 걷잡을 수 없는 자존감 파괴로 치닫는다. 생각이 깊어지면 깊어질수록 망상은 근심과 걱정을 양분 삼아, 우울과 불안이라는 나무가 자라게 한다. 나라는 존재의 가치는 점점 추락하고, 그저 나의 삶이 억울하고 슬플 뿐이다. 이처럼 망상은 사실과 다른 부정적 정서를 키우는 탁월한 능력을 지니고 있다.

물론 우리의 삶에서 근심과 걱정은 어느 정도 필요하다. 하지만 시키지 않아도 저절로 떠오르는 근심과 걱정을 굳이 두 눈을 감고 허리를 세우고 두 다리를 접고 앉아, 작심하고 할 필요는 없다. 적어도 명상 시간만큼은 이렇게 방황하는 망상을 허락해서는 안 된다.

망상을 다스리기 위해서는 대상과 집중이 중요하다. 마음이 방황하지 않도록 고삐를 묶어둘 기둥이 필요하다. 집중을 위한 대상으로는 외적 대상과 내적 대상이 있다. 외적은 소리와 음악, 그림, 불빛 등 우리 몸 밖에 있는 것을 집중의 대상으로 삼는 것이고, 내적은 감각과 생각, 호흡 등 몸 안에 있는 것을 집중의 대상으로 삼는 것이다. 마치 TV나 영화를 보는 것이 독서보다 쉬운 것처럼 외적 대상은 내적 대상보다 집중하기가 쉽다. TV처럼 외적 대상이 주는 자극은 내가 가만히 있어도 저절로 머릿속으로 들어오기에 수동적 참여를 돕는다. 하지만 독서는 스스로 내용을 기억하며 읽어나가야 하기에 능동적 참여를 요구한다.

다만, 외적 대상은 특정 장소나 시간, 기구 등이 필요하기에 언제 어느 때나 활용하기에는 제한이 따른다. 또한 외적 대상에는 수월하게 집중할 수 있다 보니 이에 의존할 수밖에 없다. 지금 잠시 내가 어디에 집중이 잘되는지 생각해 보자. 한 번쯤은 그 대상이 내 안에 있는 것인지, 내 밖에 있는 것인지 확인해 볼 필요가 있다.

반면, 내적 대상은 내 몸 안에 있는 현상을 대상으로 하기에 언제, 어디서나 대상화할 수 있다. 상대적으로 외적 대상보다 집중을 유지하기가 어려울지 몰라도, 내 안에 있는 실재하는 현상이기에 변형이나 왜곡이 어렵다. 만트라나 기도문을 외우거나, 호흡과 감각 등을 집중의 대상으로 삼는 경우가 내적 대상의 대표적 사례라 볼 수 있다.

우리가 호흡을 하면 코끝이나 인중에 바람이 닿는 느낌이 있고, 때로는 들숨과 날숨에 따라 가슴이 팽창하고 수축하며, 자연스럽게 횡격막이 움직인다. 그리고 이 움직임들은 모두 감각으로 나타난다. 들숨을 하면 마치 배가 부풀어 오르는 것 같고, 날숨을 하면 마치 배가 꺼지는 것 같다. 이러한 감각을 주요 관찰 대상으로 삼는 것이다. 이러한 감각에 대한 집중이 어렵다면, 집중이 쉬운 외적 대상에서 시작하여 점차 내적 대상으로 옮겨가는 것도 방법이다.

세계적으로 명상 앱을 이용하는 것이 하나의 유행이 되었다. 앱 스토어에서 명상 앱의 다운로드 순위를 살펴보면, 1위에서 10위까지 거의 수면 유도를 위한 명상 앱이 차지하고 있다. 이는 오늘날 전 세계에서 명상을 잠을 잘 자기 위한 목적으로 활용하는 경향이 강하다는 점을 보여준다. 불면증을 경험해 본 입장에서 숙면의 중요성을 잘 알고 있지만, 명상의 역할이 수면 유도에 편중되어 있는 것도 사실이다. 많은 사람들이 명상 앱에서 흘러나오는 음악과 유도문을 따라 마음을 다스리고자 한다. 즉, 외적 대상을 통해 이완을 목적으로 하는 명상이 대세인 것이다.

물론 외적이나 내적 대상을 구분하기보다 자기의 상황과 성향에 맞는 것을 찾는 게 무엇보다 중요하다. 그렇지만 우리는 내면의 성장을 중시하고, 그 과정에서 성장을 이룬다. 성장에 따라 외적 대상을 내적 대상으로 전환하려는 노력이 필요하다.

괴로움은 내 안에 있는 것이지, 밖에 있는 것이 아니다. 특히 망상은 우리를 괴로움으로 인도하는 주된 원인이다. 따라서 '망상 잡기'가 필요하다. 망상 잡기를 위해서는 먼저 망상에 대한 기준을 선정해야 한다. 망상이 워낙 교묘하고 다양하기에 어디까지를 망상이라고 할지 기준을 정하고 시작하는 것이다. 그 기준이 무엇이냐고 묻는다면, 조금은 과하다 싶지만 내가 정한 집중의 대상에서 벗어난 생각은 모두 망상으로 둘 것을 권유한다. 이 기준에 따른다면 명상의 대상, 자기 자신, 혹은 명상의 진행 과정에 대한 평가와 판단도 집중의 대상에서 벗어난 생각들이다.

예를 들어, '오늘이 어제보다 잘되네', '나는 잘하고 있어', '이렇게 하는 것이 맞나?', '편안하니 좋다' 등도 모두 망상으로 봐야 한다. 이러한 생각들도 알아차리고 멈춰야 한다. 조금은 과하지만 이렇게 시작해야 망상을 즐기는 것에서 벗어날 수 있다. '아, 내가 또 판단했구나', '아, 내가 즐기고 있었구나' 하고 알아차리는 순간, 망상을 멈추고 다시 대상으로 마음을 돌릴 수 있다. 물론 실패할 것이다. 하지만 망상을 위한 관용은 처음부터 없어야 한다.

　때로는 내가 선정한 대상, 예를 들어 호흡으로 인한 감각에 한두 번 집중했을 뿐인데 망상이 일어날 수 있다. 하지만 낙담할 필요 없다. 지극히 정상적인 반응이다. 그러면 바로 '망상했네' 하고 알아차리면 된다. 이를 반복하다 보면, 나에게 망상이 너무 자주 나타난다는 생각이 들 것이다. 이렇게라도 알게 된 게 얼마나 다행인가. 이조차도 하지 않으면 우리는 망상의 바다에 빠져 겨우 얼굴만 수면 위로 내놓고 허우적거리고 있을지도 모른다.

　'망상했음'을 알아차리면 망상을 잡을 수 있다. 물론 망상을 멈추기 위해서 의도적으로 다른 생각을 할 수도 있지만, 이 방법을 추천하고 싶지는 않다. 앞서 설명한 것처럼 망상은 내가 상상한 그 이상으로 빠르고 교묘하여 '내가 다스릴 수 있는 것'이라는 착각에 빠지게 만든다. 대안적인 생각조차 또 다른 망상의 씨앗이 될 뿐이다.

　망상의 흐름을 멈추고, 망상이 없는 상태를 지속하려면 집중을 유지하는 것이 중요하다. 물론 말처럼 쉽지는 않지만 마음을 몸의 감각에 두면 조금 더 수월하다. 호흡도 몸의 움직임이다. 마치 배가 닻을 내려 정박할 수 있듯이, 호흡은 망상을 잡아 멈추고, 의지할 수 있는 닻의 역할을 해준다. 끊임없이 방황하는 생각을 멈추고, 그 상태로 계속 머무르게 해줄 것이다.

방법은 간단하다. 눈을 감고 앉아, 대상에 주의를 기울이면 머지 않아 망상이 일어날 것이다. 망상은 자연스러운 현상이지만, 적어도 명상을 하겠다고 마음먹은 시간만큼은 망상을 빨리 잡겠다고 다짐해야 한다. 생각이 확산되는 것을 용납하지 않겠다고 해야 한다. 혹시라도 망상에 빠진 자신을 발견하게 되면 '내가 망상을 했구나' 하고 알아차리면 된다.

그리고 다시 내가 선택한 대상에 집중한다. 이러한 과정을 반복한다. 30분을 앉으면 그 시간 내내 할 수도 있다. 지난한 시간이 되겠지만 이 과정이야말로 나를 온전히 만나는 시간이다. 동시에 내 마음을 다스리는 훈련의 시간이다. 이렇게 지속하다 보면 조금씩 망상을 잡는 마음의 힘이 강화된다. 나에게 일어나는 몸의 감각을 믿어보자. 방황하는 마음을 잡아주는 든든한 닻이 되어줄 것이다.

믿음에 머무르지 마라

바라드와자여, 마치 장님들이 줄을 섰는데, 앞선 자도 보지 못하고 가운데 선 자도 보지 못하고 뒤에 선 자도 보지 못하는 것과 같이, 이와 같이 바라드와자여, 그 바라문들이 설한 것은 장님들이 줄을 선 것과 같이 앞선 자도 보지 못하고 가운데 선 자도 보지 못하고 뒤에 선 자도 보지 못하는 것과 같다고 나는 생각합니다. 바라드와자여, 어떻게 생각합니까? 그렇다면 그 바라문들은 맹목적인 믿음이 아닙니까?[9]

어린 시절 배가 아프면 할머니를 찾아가 지근거렸다. 할머니는 나를 곁에 눕히고 손으로 배를 정성껏 쓰다듬어 주었다. 낮은 톤으로 노래하듯 "할미 손은 약손"이라고 주문을 외우며 내가 낫기를 바랐다. 할머니의 주문에 특별한 기운이라도 깃든 것인지 신기하게도 시간이 지날수록 배가 덜 아팠다. 그 이후로도 배가 아프면 할머니를 찾아갔다. 아마도 나는 할머니의 영험한 기운이 배를 낫게 해준다고 믿었고, 그 믿음이 아픔을 달래주는 약이 된 듯하다.

과거 이탈리아 의사 게르비Gerbi는 엄지와 검지로 곤충을 으깬 후에 환자의 이에 발라 치통을 완화시켰다고 한다. 후에 의사 카라 도리Carradori는 무당벌레를 치통 완화에 사용했다. 신기하게도 70퍼센트의 환자가 통증이 완화되었다. 가짜 약이 진짜 약과 같은 효과를 낸 것이다. 우리는 이를 플라세보 효과(위약 효과)라고 부른다. 이와 관련한 연구들은 이미 활발히 진행되고 있다. 가짜 약이 두통 치료에서도 효과를 보이자, 치료에 어떤 심리적 역할을 하는지에 대한 관계 연구도 활성화되었다.

무엇이 가짜를 진짜로 만들었을까? 아마도 치료자에 대한 신뢰, 좋아질 것이라는 믿음이 주요 기제로 작용했을 것이다. 그렇다면 믿음이 치유로 이끄는 것이 가능할까? 하버드 의과대학교의 연구를 살펴보면, 자기공명영상장치MRI를 통한 뇌 영상 촬영이 가능해지면서 가짜 약을 먹은 후에 진짜 약을 먹었을 때와 유사한 뇌의 변화를 확인했다. 우리가 믿는 것에 따라 몸과 마음이 반응을 일으키는 것이 증명되었다.

플라세보 효과는 가짜 약이 직접 치료에 영향을 미치지는 않더라도, 다른 비약리학적 메커니즘을 작동하게 하고, 특히 엔도르핀과 도파민 같은 기분 좋은 신경전달물질의 증가와 기분, 감정 등 뇌의 신경생물학적 반응을 일으킨다는 것이다. 론다 번이 저서 『시크릿』에서 끌어당김의 법칙을 강조하듯이, 우주의 에너지는 아닐지라도 내가 '원하면 이루어진다'는 긍정적인 믿음이 실제로 뇌에 영향을 미치고 몸으로 반응하게 한다. 어쩌면 우리는 수천 년 동안 사실보다 믿음에 의지하고 살아왔는지도 모른다.

작은 강물을 건너서 다른 마을로 가야 하는 상황이라고 가정해보자. 폭우로 인해 강물이 불어나 거센 물살이 일고 있다. 눈으로는 물살과 깊이를 가늠할 수 없기에, 먼저 건넌 사람에게 소리쳐 물을 수밖에 없다. "여기요, 건널 때 어땠어요? 물이 깊지는 않나요? 물살이 빠르지는 않나요?" "걱정 마세요! 보기보다 깊지 않고, 물살도 견딜 만합니다! 어서 건너오세요"라는 대답을 들었다고 하자. 만약 먼저 건넌 사람이 평소에 친하고 신뢰할 만한 사람이라면 발을 쉽게 담글 것이다. 하지만 먼저 건넌 사람을 전혀 모르거나, 신뢰하지 못하거나, 그가 평소에 나를 괴롭힌 사람이라면 발을 담그기 어려울 것이다.

놀랍게도 물살의 정도와 깊이와는 상관없이, 상대를 믿느냐 못 믿느냐에 따라 건너고 안 건너고를 결정하는 것이다. 실제 상황을 자세히 모를 때는 믿음이 나의 안전을 담보한 실행의 원천이 된다. 이렇게 한 발을 담가 보니 정말 물살도 깊이도 견딜 만하다면, 상대에 대한 믿음은 더욱 커질 것이다. 이처럼 믿음은 맹목적으로 시작하여 경험을 통해 확인되고 발전해 간다.

어린아이가 놀다 보니 어느새 나무 높은 곳에 오르게 되었다고 가정해 보자. 무서워서 내려오지는 못하고 절절매고 있다. 이때 아이의 아빠가 다가와 "걱정하지 마. 아빠가 받을 테니 뛰어"라고 말한다면 어떨까? 아빠를 믿는다면 뛰어내릴 것이고, 그렇지 못한다면 구조대를 부르든 다른 조치를 해야 할 것이다. 믿음은 평소에 서로의 진심을 느낄 때 자라난다. 그리고 이러한 과정을 통해 사랑, 감사, 헌신의 마음으로 확장된다.

우리는 직업, 학교, 투자, 병원 등 끊임없이 선택의 기로에 서게 된다. 그리고 선택의 순간마다 다양한 정보, 댓글, 그리고 주변 사람의 의견을 통해 '믿을 만한지'를 판단하려고 한다. 마치 범람한 물의 깊이를 모르듯 실제 상황은 자세히 모른다. 누가 나를 더욱 믿음직스럽게 만드느냐에 따라 결정하는 것이다. 이러한 믿음은 맹목적인 믿음에 가깝다. 그리고 사랑, 감사, 헌신이라는 이름으로 아름답게 포장되기도 한다.

그러면 어떻게 해야 할까? 처음에는 맹목적인 믿음에서 시작할 수밖에 없을 것이다. 긍정적인 마음, 즉 '내가 바라던 일이 잘될 것'이라는 희망을 품는 태도가 필요하다. 그러나 더 중요한 것은 그 믿음에 머무르지 않는 일이다. 내가 가진 믿음이 실제로 타당한지 의문을 던지고, 이를 실천하고 경험을 쌓으려는 마음이 있어야 한다. 그래야 비소로 맹목적인 믿음에 기대지 않고, 삶을 주체적으로 선택해 나갈 수 있다.

코끼리 발자국을 보는 법

비구들이여, 여래가 올바로 완전히 깨달았는지 아닌지를 식별하기 위해 여래를 관찰해야 한다. 여래에 대해 두 가지 관점, 즉 눈과 귀를 통해 너희의 인식이 가능한 관점에서 여래에게 오염된 상태들이 존재하는지 아닌지를 관찰하고 확인해야 한다. 그리고 확인되었을 때 여래의 설법을 들어야 한다.[10]

🪷 이 세상에는 크게 두 가지 믿음이 있다. 하나는 고양이의 믿음이고, 다른 하나는 원숭이의 믿음이다. 먼저 고양이의 믿음은 새끼 고양이를 통해 비유할 수 있다.

새끼 고양이 한 마리가 자유롭게 놀고 있다고 가정해 보자. 그리고 가까운 곳에서 어미 고양이가 새끼 고양이가 노는 것을 지켜보고 있다. 갑자기 새끼 고양이가 위험한 상황에 처한다. 웅덩이에 빠졌을 수도 있고, 위협적인 다른 동물이 다가오는 소리를 들었을 수도 있다. 어미 고양이는 빨리 새끼 고양이에게 다가가 목덜미를 물고 안전한 곳으로 이동한다. 이때 새끼 고양이는 무엇을 할 수 있을까?

그저 어미를 믿고 의존하는 수밖에 없다. 자유의지나 선택의 여지는 없다. 단지 '나는 당신을 믿으니 나를 안전한 곳으로 옮겨주세요'라고 바랄 수밖에 없다. 안전한 곳으로 이동할 수 있을지 없을지는 오로지 어미 고양이에게 달렸다.

원숭이의 믿음도 새끼 원숭이를 통해 비유할 수 있다. 새끼 원숭이 한 마리가 자유롭게 놀고 있다고 가정해 보자. 그리고 가까운 곳에서 어미 원숭이가 새끼 원숭이가 노는 것을 지켜보고 있다. 갑자기 새끼 원숭이가 위험한 상황에 처한다. 웅덩이에 빠졌을 수도 있고, 위협적인 다른 동물이 다가오는 소리를 들었을 수도 있다. 어미 원숭이는 빨리 새끼 원숭이에게 다가가 허리를 감싸안거나 팔을 잡고 안전한 곳으로 끌고 간다. 이때 새끼 원숭이는 무엇을 할 수 있을까? 새끼 원숭이는 어미에게만 의존하지 않는다. 어미를 따라갈 수도 있고, 자신의 선택으로 어미가 감싼 허리를 풀거나 잡은 팔을 놓아 벗어날 수도 있다. 안전하고 안 하고를 떠나 새끼 원숭이는 자유의지와 선택의 여지가 있다. 단지 '나는 당신을 믿으니 나를 안전한 곳으로 옮겨주세요'라고 바랄 수만은 없다. 안전한 곳으로 이동할 수 있을지 없을지는 새끼 원숭이의 의지에 달렸다.

비유하자면 새끼 고양이의 믿음은 이유나 근거 없이 맹목적으로 믿는 것과 같다. 새끼 원숭이의 믿음은 이유나 근거를 살펴 합리적으로 믿는 것과 같다. 앞서 우리는 할머니나 치료자에 대한 신뢰와 '내가 나아질 것'이라는 긍정적인 믿음이 치유 기제로 작용한다는 것을 보았다. 물의 깊이나 물살의 정도가 아니라 먼저 건넌 사람의 말을 믿는 것이다.

물론 인간은 처음에 맹목적인 믿음에 매달릴 수밖에 없다. 하지만 맹목적인 믿음에 사랑과 헌신이라는 '부스터'를 달아 더 큰 맹목적인 믿음으로 키우려 하기보다, 합리적인 믿음으로 전환하는 것을 고민해 봐야 한다. 세상일이 나의 믿음과 바람대로 이루어지지만은 않기 때문이다. 그렇기에 그동안 가져왔던 믿음에 대해 의문을 제기하고, 합리적인 믿음으로 발전시켜야 한다. 그 방법은 내가 믿고 있는 믿음이 실제로 경험되는지 확인하는 것이다.

이와 관련하여 2500여 년 전의 불교 문헌에는 코끼리 사냥꾼 이야기가 나온다. 어떤 코끼리 사냥꾼이 숲속에서 커다란 코끼리 발자국을 발견하고서는 커다란 코끼리가 있을 것이라고 믿는다. 이처럼 많은 사람들이 왕족, 귀족, 부자, 학식 있는 사람들을 발자국 삼아, 이들이 존경하고 따르는 성직자나 스승에게는 질문이나 의문조차 하지 않고 믿으며 신도나 제자가 된다는 것이다. 하지만 붓다는 이러한 판단은 현명하지 못하다며 난쟁이 코끼리에 대한 비유를 든다.

"현명한 코끼리 사냥꾼이 코끼리 숲에 들어가 길이가 길고, 폭이 넓은 커다란 코끼리 발자국을 발견했다고 합시다. 그가 진짜 훌륭한 사냥꾼이라면, '참으로 큰 코끼리다'라고 결론을 내리지 않을 것입니다. 그것은 무슨 까닭입니까? 코끼리 숲에는 '난쟁이 코끼리'라고 불리는, 발은 크지만 몸은 작은 암코끼리들이 있는데, 이 발자국들이 그들의 발자국일지도 모르기 때문입니다.

현명한 사냥꾼은 길이가 길고 폭이 넓은 커다란 코끼리 발자국뿐만 아니라 나무가 위쪽으로 긁히고 상아로 인해 높이 갈라지고 꺾인 나뭇가지처럼 코끼리의 표식도 보면서 추적해 가야 합니다. 실제로 나무 아래에 있거나, 노지에 있거나, 거닐거나, 서 있거나, 앉아 있거나, 누워 있는 코끼리를 직접 눈으로 봐야만 합니다. 그때야 비로소 그는 여기 '참으로 큰 코끼리가 있다'라고 결론 내려야 합니다."[11]

커다란 코끼리 발자국만 보고 큰 코끼리인지 작은 코끼리인지 구분할 수 없는 것처럼, 주변의 학식과 덕망 있는 사람들이 무언가를 믿는다고 해서, 이를 믿을 수 있는지 아닌지를 확인할 수는 없다. 현명한 사냥꾼이 커다란 발자국뿐만 아니라 실제로 코끼리 모습을 볼 때까지 추적하듯이, 믿음을 키우기 위해서는 스스로 의심하고 확인해야만 한다는 설명이다. 이것이 맹목적인 믿음을 합리적인 믿음으로 전환하는 길이다.

합리적인 믿음을 키우기 위한 방법은 고대 인도 케사푸타Kesaputta 마을의 이야기에도 나온다. 여러 성직자와 스승들이 이곳에 와서 다들 자신만이 믿을 만한 자이고, 다른 자들은 그렇지 못하다고 주장한다. 마을 사람들은 과연 누구의 말을 믿어야 할지 모르겠다고 고민한다. 이들은 누가 진실을 말하고 누가 거짓을 말하는지 어떻게 구분할 수 있는지 붓다에게 묻는다. 그러자 붓다는 다음과 같이 설명한다.

> "칼라마인들이여, 그대들은 소문으로 들었다고 해서, 대대로 전승되어 왔다고 해서, 사람들이 '그렇다고 하더라'고 해서, 성전에 써 있다고 해서, 추측이 그렇다고 해서, 논리적이라고 해서, 추론에 의해서, 이유가 적절하다고 해서, 우리가 고민해서 얻은 생각과 같다고 해서, 유력한 사람이 한 말이라고 해서, 그리고 '이분은 우리의 스승이다'라는 생각 때문에 진실이라고 받아들이지 마십시오. 칼라마인들이여, 그대는 참으로 스스로가 '이러한 가르침은 유익한 것이고, 이러한 가르침은 비난받지 않을 것이며, 이러한 가르침을 행하면 나에게 이익과 행복이 있게 된다'라고 실천을 통해 알게 되면, 그때 그것들을 받아들이십시오."[12]

새끼 고양이의 믿음에서 새끼 원숭이의 믿음으로, 맹목적인 믿음에서 합리적인 믿음으로 발전시키는 방법은 어느 누가 이야기했는지가 중요한 것이 아니다. 그들의 말과 행동이 같은지 다른지를 보고 듣고 확인해야 한다. 더 나아가 그들의 말과 행동을 내가 실제로 실천하고 체험하는 것이다. 이러한 실천과 확인 과정을 통해 믿음은 더욱 강화되고, 비로소 우리는 흔들리지 않는 믿음을 얻게 된다.

긍정적인 마음은 우리의 바람이 이루어지게 하는 데 도움을 준다. 원하는 일에 직접적인 영향을 미치지는 않더라도, 기분 좋은 신경전달물질의 분비를 촉진시켜 뇌의 신경생물학적 반응을 일으키고, 결과적으로 우리를 능동적이고 활력 있게 만들어준다.

하지만 긍정적인 마음만으로 좋은 결과가 나오는 것은 아니다. 경험과 실천이라는 실질적인 작용의 반복을 통해 우리는 훈련되고, 그 훈련으로 지혜를 갖추게 된다. 그러므로 '모든 일이 잘될 것'이라는 긍정적인 태도를 지니는 것이 우선이되, 더 나아가 경험하고 실천하면서 내면의 힘을 차근차근 쌓아가야 한다.

열매, 관찰, 혜학慧學

과거로 거슬러 올라가지 말고 미래를 바라지도 말라.
과거는 이미 버려졌고 또한 미래는 아직 오지 않았다.

현재 일어나는 상태를 그때그때 관찰하라.
정복되지 않고 흔들림 없도록 그것을 알고 수행하라.

오늘 해야 할 일에 열중해야지, 내일 죽을지 어떻게 알 것인가?
대군을 거느린 죽음의 신, 그에게 결코 굴복하지 말라.

이와 같이 밤낮으로 피곤을 모르고 수행하는 자를
한밤의 지혜로운 님, 고요한 해탈의 님이라 부르네.[1]

왜 지금 이 순간에 머물러야 하는가

바라문이여, 나는 수행을 위해 점진적인 연습, 점진적인 실천, 그리고 점진적인 방도를 설명합니다. 바라문이여, 마치 능숙한 말 조련사가 혈통이 좋은 멋진 말을 얻으면 가장 먼저 고삐를 씌우고 익숙해질 때까지 기다린 후 조련을 시작하듯이, 여래도 함께할 수행자를 만나면 점진적인 순서로 지도합니다. "오라, 비구여. 그대는 먼저 계를 잘 지녀라. 계를 잘 단속하며 머물러라. 올바른 행실을 갖추고 작은 허물에도 두려움을 느끼며 수행하라"고 합니다.[2]

❀

초기불교에서 붓다는 점진적인 수행 과정을 제안한다. 물론 깨달음은 대승불교와 선불교에서 말하는 '돈오頓悟'처럼 일순간에 얻을 수도 있고, 성인의 과위果位에 따라 점오漸悟처럼 점진적으로 얻을 수도 있다. 하지만 붓다는 수행의 진행 과정에서는 점진적인 방식을 설명한다. 그리고 깨달음을 얻은 후에도 계속해서 수행이 필요하다고 보기에, 전후로 깨달음을 닦아가는 점진적 과정을 강조한다.

무엇보다 수행의 시작을 계의 단속, 즉 도덕적, 윤리적 삶의 시작으로 설명한다. 이러한 삶이 바탕이 되어야 집중의 단계로 넘어갈 수 있다. 집중은 대상에 몰입하는 작업이지만, 단순히 몰입을 통해 고요함을 즐기려는 것이 목적이 아니라, 집중을 통해 나의 마음이 현재에 머물도록 시도하는 작업이라고 볼 수 있다.

　명상의 고수와 하수를 구분하는 방법이 있다. 30년을 기준으로 경력 30년 이상이면 고수고, 30년 이하이면 하수로 보는 것이 아니다. 모든 일이 그렇듯, 시간을 양적으로 계산하여 실력의 기준으로 삼는 것은 적절하지 못하다. 얼마의 경력이 있든지 상관없이, 지금 이 순간 자신이 무엇을 하고 있는지 알고 있으면 고수고, 모르고 있으면 하수다. 이처럼 초기불교 수행의 가장 큰 과제는 현존에 있다. 내가 수행을 잘하고 있는지 확인하는 기준은 지금 내 마음이 현재에 있는지, 아니면 과거나 미래에 있는지 확인해 보면 된다. 내 마음이 현재 머물러 있다면 잘하고 있는 것이고, 과거나 미래에 머물러 있다면 잘 못하고 있는 것이다.

　그런데 사실 마음이 현재에 머물기가 쉽지 않다. 내 마음은 어느새 쏜살과 같이 과거나 미래로 날아가 붙어 있다. 우리 마음에는 이미 경험과 학습을 통한 선입견과 기억들이 자리 잡았고, 이 기준으로 현실을 판단하려 한다. 자동적으로 과거를 기준으로 현재를 보려 한다. 잠시 현재에 머물렀다가도 순식간에 과거의 잣대로 현재를 평가하게 된다. 이와 같은 맥락으로 과거와 미래에 대한 근심과 걱정이 현재를 잠식시킨다. '지금 이 순간'이라는 말은 강한 울림을 주지만, 우리는

'지금 이 순간'을 만나기도, 만나더라도 지속하기도 쉽지 않다.

이러한 어려움에 대해 명상 지도자이자 임상심리학자인 잭 콘필드Jack Kornfield가 제시한 예시는 흥미롭다. 내가 다음의 마음을 가질 수 있을까. 한번 읽어보자.

'만약 당신이 힘든 소식을 접하고 나서, 평온하게 앉아 있을 수 있다면,'
'만약 당신이 경기 침체기에, 완벽히 침착할 수 있다면,'
'만약 당신이 환상적인 곳으로 여행 가는 이웃을 보며, 부러움에 배 아파하지 않을 수 있다면,'
'만약 당신이 그릇 안에 들어 있는 무엇이든, 행복하게 먹을 수 있다면,'
'만약 당신이 바쁘고 심각한 하루를 보낸 뒤, 술이나 약의 도움 없이 잠들 수 있다면,'
'만약 당신이 어디에 있든 어떤 상황에 처해 있든, 항상 만족을 찾을 수 있다면,'
그렇다면 당신은 분명, 사람이 아니라 개다.[3]

이러한 소식을 접하고서 평온하거나 침착하기는 참으로 어렵다. 경제적 어려움에서 행복감을 느낄 수 있는가. 맛없는 음식 앞에서 만족을 얻을 수 있는가. 개나 고양이는 가능할지 모르겠으나 사람은 불가능할 것이다. 우리는 끊임없는 후회와 근심, 걱정과 불안을 먹이로 살아가는 존재이기 때문이다. 인간은 살아남기 위해 부정적인 정서를 보호 장치로 삼아왔다. 만약 이러한 뇌의 작용이 없었더라면 신체적으로 취약한 인간이 약육강식의 원시 환경에서 살아남기 어려웠을 것이다. 결과적으로 우리의 뇌는 생존을 위해 걱정과 불안을 활용해 왔다. 하지만 우리가 살아남기 위해 사용했던 보호 장치가 이제 생존을 위협하는 무기가 되어가고 있다.

과거부터 현재까지 현자들은 인간의 이러한 특성을 간파해 왔다. 인간의 생존 전략이 괴로움을 유발한다는 사실을 인식했고, 그 고통에서 벗어나는 방법을 찾고자 노력했다. 붓다는 그 방법으로 '현재에 머무를 것'을 제안했다. 하지만 대부분의 사람에게 '지금 이 순간'에 머물라는 가르침의 실천은 쉽지 않았다. 머리로는 현존의 필요성을 이해하지만, 어떻게 실천할 것인지에 대해서는 의문이 앞섰다. 그래서 붓다는 다시 대상에 마음을 두는 연습법을 권했다.

이것을 '집중'이라고 부른다. 내가 나의 몸과 마음을 알아야 다스릴 수 있는 힘이 생기고, 현존하는 내 안의 순간에 마음을 두고 지속할 수 있기 때문이다. 그리고 집중을 위한 방법으로 '기도', '묵상', '명상', '수행' 등의 실천이 등장하게 되었다.

결과적으로 우리는 괴로움에서 벗어나기 위해 명상을 한다. 그리고 명상은 반드시 집중을 수반한다. 이렇게 훈련된 집중은 '현존'

하는 데 적용되어야 한다. 때로는 집중이나 몰입이 주는 '고요함'이나 '평온함'에 빠지고, 집중의 강화로 평소에 경험할 수 없는 특별한 현상이 나타나면 의미를 부여하고, 나를 격상시키며 경험에 집착하는 일이 생긴다. 하지만 이들이 본래 목적이 아니었음을 잊지 말아야 한다.

다시 말하자면, 내가 명상을 잘하고 있는지 확인하는 기준은 내 마음이 현재에 있는지, 과거나 미래에 빠져 헤매고 있는지 확인하는 것이다. 만약 현재에 머물러 있다면 명상을 잘하고 있는 것이다. 누군가는 이렇게 물을 수 있다.

"보다 나은 내일을 위해 과거의 잘못을 반성하고, 미래를 철저히 준비해야만 한다. 이를 위해 근심과 걱정은 필수적이다. 이러한 과정이 없는 발전은 불가능하다. 그런데 왜 현재에만 머물라고 하는가?"

답변은 간단하다. 근심과 걱정은 시키지 않아도 능숙하게 잘한다. 하지만 집중이나 현존은 연습 없이는 잘하지 못한다. 지금 못하는 것을 연습하라는 것이지, 잘하는 것을 반복하라는 설명이 아니다. 그리고 바쁜 일상의 시간 일부를 할애하여 어렵게 명상 시간을 갖는다면, 이 시간만큼이라도 평소에 잘 못하는 것을 연습하라는 이야기다. 불교 수행의 목적은 반복되는 괴로움의 순환을 완전히 끊어내어 고통에서 벗어나는 것이다. 부나 명예를 쌓거나 만족감을 극대화하는 데 있지 아니하다.

얼마 전 광화문에 있는 대형 서점 화장실에서 좋은 글귀를 보게
되었다.

"어제 내린 비에 오늘 젖은 옷을 입고 다니지 말고, 내일 내릴 비를
위해 오늘 무거운 우산을 들고 다니지 말라."

명상의 본래 의미를 잘 담고 있는 글이다. 어제 내린 비에 오늘
젖은 옷을 입고 다닌다면 현명하지 못하다고 할 것이다. 내일 비가
온다는데 오늘 무거운 우산을 들고 다닌다면 어리석다고 할 것이다.
그럼에도 불구하고, 우리는 매일 젖은 옷에 무거운 우산을 들고 다
니는 것 같다. 현명한 길은 지금 이 순간에 머무르는 것이다. 붓다는
끊임없이 과거와 미래의 생각에 사로잡혀 괴로워하는 사람들에게
지금 이 순간에 머물 것을 강조했다.

"지나간 과거에 집착하지 말고, 다가오지 않은 미래에 근심하지 말
라. 오직 지금 이 순간에 머물러라."[4]

오지 않은 것을 바라지 말라 지나간 것을 슬퍼하지 말고,

산냐에 대한 탐욕을 벗어난 이는 결박이 없다. 지혜에 의해 해탈한 자는 미혹이 없다.[5]

❀

초기불교를 공부하기 위해 스리랑카에서 유학을 했다. 부모의 울타리에서 벗어나 자유로운 삶을 꿈꾸며 들뜬 마음으로 자취를 시작했지만, 이러한 설렘은 오래가지 않았다. 무더위로 숨이 막힐 정도였고, 벌레는 들끓었으며, 점점 타지 생활이 외롭게 느껴졌다. 무엇보다 매 끼니를 스스로 해결해야 한다는 점은 큰 부담이었다. 지금은 상황이 많이 좋아졌으나, 1990년대 스리랑카에는 KFC 하나가 유일한 패스트푸드점이었다. 편의점은 물론 제대로 된 슈퍼마켓조차 찾아보기 어려웠다.

하루는 무엇을 먹을까 고민하며 길을 걷고 있는데, 길에서 군만두처럼 보이는 스프링롤을 팔고 있었다. 도톰하고 노릇노릇하게 잘 튀겨진 음식은 보기만 해도 침샘을 자극했다. 이것만 먹어도 끼니를 맛있게 해결할 수 있겠다는 생각이 들었다. 신문지에 말아 담아 주는 방식은 청결과는 거리가 멀어 보였으나, 그 순간에는 그다지 중요하지 않았다.

하지만 한 입 베어 물자마자 모든 기대가 산산이 부서졌다. 예상했던 맛과는 다르게 고추가 아니라 후추의 매운맛이 났고, 화장품에 넣어야 할 것 같은 향신료 냄새가 코를 찔렀다. 게다가 코코넛 기름내도 나니 역하기까지 했다. 그 나라의 음식이 입에 안 맞았을 뿐인데, 실망을 넘어서 화가 나기 시작했다. '맛있어 보였는데, 왜 이런 맛이 나는 거지?' 다시는 먹지 않겠다고 다짐했을 뿐만 아니라 마음속에 기피 음식 1순위로 매겨두기까지 했다.

몇 해가 지나 현지인 친구가 결혼한다고 자기 집에 나를 초대했다. 많은 하객과 다양한 음식, 그리고 신나는 음악까지 즐거운 파티였다. 분위기가 무르익어 갈 때쯤 현지인 친구가 접시 하나를 들고 와서 내게 먹어보라고 권유했다. 모양도 색깔도 크기도 딱 그 음식이었다.

"이거 먹어봐."

"싫어. 나 이거 싫어해."

"맛있어. 먹어봐."

"싫다니까."

"우리나라에서는 주인이 권하는 음식은 먹어보는 게 예의야."

"알아, 우리나라도 그래. 그런데 이거 정말 못 먹겠어."

몇 차례 거절했지만 친구의 표정을 보니 더 이상 거부하기가 쉽지 않았다. 결국 울며 겨자 먹는 심정으로 눈을 감고 입에 넣었는데, '어? 맛있네!'라는 생각이 절로 들었다. 맵지도 짜지도 역하지도 않았다. 오히려 적당히 들어간 향신료는 풍미를 더욱 살렸다. 물론 파티에 오는 외국 친구들을 위해 덜 맵고 덜 짜게 만들었을 수도 있고, 몇 해가 지나는 동안 내가 현지 음식에 적응했을 수도 있다. 이유가 어쨌든 결론은 맛있다는 것이었다.

나는 과거의 강렬했던 첫인상 하나로 그 음식을 싫어했을 뿐만 아니라 거부했으며, 마음을 바꿀 생각조차 하지 않았다. 그동안 나는 내 판단이 늘 옳다고 믿어왔지만, 그 믿음이 새로운 경험을 할 기회를 계속 놓치게 만들었는지도 모른다.

우리 마음에는 선입견과 기억들이 마치 높은 성곽의 문지기처럼 버티고 서서, 자신들을 통하지 않고서는 마음 안으로 들어가는 것을 용납하지 않으려 한다. 불교에서는 이런 마음의 문지기들을 '상(想)(지각)'이라고 부르고, 빠알리어로는 '산냐ˢᵃññᵃ'라고 한다. 산냐는 '상ˢᵃṃ(함께)'과 '즈냐ʲñᵃ(앎)'의 합성어로 '함께 앎' 혹은 '동일하게 앎'의 의미를 지닌다. 즉, 과거에 인식한 것을 지금 현재도 동일하게 인식한다는 것이다. 산냐는 인식, 지각, 개념 등을 의미하기도 한다.

산냐는 과거의 경험을 기준으로 현재의 상황을 파악하려 한다. 수행자가 현재를 경험하고 있다고 할지라도, 과거의 잣대를 끌고 와서 평가하고 판단한다. 이러한 문지기들의 과도한 역할로 인해, 우리는 수행 시간조차 현재에 머물며 지금 이 순간을 온전히 만나기가 쉽지 않다. 이러한 인식과 지각은 우리가 세상을 살아가는 데 반드시 필요하지만, 동시에 번뇌와 집착의 원인이 되기도 한다. 불교는 이러한 기억이나 선입견의 역할을 하는 산냐는 현재하는 실제가 아닌, 개념적 판단일 뿐이기에 극복해야 한다고 설명한다.

일반적으로 우리는 과거를 잘 기억하는 것이 좋은 능력이라 믿는다. 특히 학습의 영역에서는 과거에 배운 것을 얼마나 잘 기억하느냐에 따라 성취의 우열을 나누기도 한다. 어린 시절 학교 다닐 때 기억을 잘하는 친구가 있으면 부러워했고, 상대적으로 그렇지 못한 내 모습이 속상하기도 했다.

그런데 과연 과거를 잘 기억하는 것이 부러운 일일까? 과거의 경험을 현재까지 유지하는 것은 마치 색안경을 쓰고 세상을 바라보는 것과 같다. 무엇보다 자신이 과거에 직접 경험한 것으로 만든 색안경이기에 쉽게 벗지도 않는다. 어쩌면 우리는 매일 다른 하루를 보내지만, 선입견이라는 색안경 때문에 매일 똑같은 날을 살고 있는 지도 모른다.

어제와 오늘은 분명히 다른 하루다. 그러니 이제 어제의 색안경을 벗고, 새로운 오늘을 맞이해야 한다. 어쩌면 내가 싫어하던 그 사람조차, 오늘은 어제와는 다른 사람일지도 모른다. 우리가 산냐를 벗어났을 때, 비로소 색안경을 벗고 현재의 이 순간을 있는 그대로 알아차리는 것이 가능하다.

"지나간 것에 슬퍼하지 않고 오지 않은 것을 동경하지 않으며 현재에 얻은 것으로만 삶을 영위하나니 그들의 안색은 그래서 맑도다. (…) 아직 오지 않은 것을 동경하는 자, 이미 지나간 것을 두고 슬퍼하는 자, 어리석은 그들은 시들어가나니, 푸른 갈대가 잘려 시들어가듯이."[6]

붓다는 설한다. 우리가 현재에 머문다면 맑은 안색으로 편안할 수 있다. 하지만 지나간 과거나 불확실한 미래라는 색안경을 쓰고 매달린다면, 마치 잘린 갈대가 시들어가듯이 우리는 메말라 갈 것이다. 과거는 떠나갔고 미래는 오지 않았다. 현재 일어나는 현상을 바로 있는 그대로 마주하라. 이 길(현존)이 지혜를 성장시켜 줄 토대가 될 것이다.

'분명히 안다'는 것은 무엇인가
알아차림,

과거로 거슬러 올라가지 말고 미래를 바라지도 말라. 과거는 이미 버려졌고 또한 미래는 아직 오지 않았다. 그리고 현재 일어나는 상태를 그때그때 관찰하라. 정복되지 않고 흔들림 없도록 그것을 알고 수행하라. 오늘 해야 할 일에 열중해야지, 내일 죽을지 어떻게 알 것인가? 대군을 거느린 죽음의 신, 그에게 결코 굴복하지 말라. 이와 같이 밤낮으로 피곤을 모르고 수행하는 자를 한밤의 지혜로운 님, 고요한 해탈의 님이라 부르네.[7]

❀ 　 오랜만에 친구들 모임에 나갔는데, 어려울 때 물심양면으로 도와준 친구가 나를 심하게 비난했다는 이야기를 들었다고 해보자. 먼저 기분이 좋지 않을 것이다. 그리고 도대체 그 친구는 왜 그런 말을 하고 다니는지도 궁금할 것이다. 머지않아 머릿속은 그 친구의 생각으로 가득 찬다. 나는 그 친구 생각을 하고 싶어서 하는가, 아니면 저절로 떠오르는가. 저절로 떠오를 것이다. 이제는 그만 생각하고 싶어도 계속 생각이 난다.

우리가 의지대로 생각을 조절하는 것은 한계가 있다. 때로는 의지와 상관없이 뇌가 저절로 생각하고 멋대로 확장한다. 특히, 스트레스가 많은 상황에서 발생한 자동적 사고는 대부분이 '부정'이라는 선로에 올라탄 기관차처럼 한 방향으로 질주한다. 이미 올라탄 선로의 방향을 바꾸기는 쉽지 않다.

예를 들어, 우리는 자면서 꿈을 꾼다. 그 꿈을 꾸고 싶어서 꾸는가, 아니면 저절로 꾸게 되는가. 뇌는 우리의 의지대로만 움직이는 것이 아니다. 미국의 신경과학자 마커스 라이클Marcus E. Raichle은 2001년에 디폴트 모드 네트워크default mode network, DMN를 발견했다. 라이클은 우리가 집중적인 작업을 할 때, 오히려 특정 뇌 영역의 활동이 감소하는 것을 관찰했다. 그리고 집중적인 작업이 끝나면, 특정 뇌 영역의 활동이 다시 증가하는 것을 발견하면서, DMN의 존재를 찾게 된다.

DMN은 휴식 상태나 아무것도 하지 않을 때 활성화된다. 이 상태는 창의성을 키워주고, 과거의 기억을 회상하거나 미래를 기획하는 등 중요한 역할을 한다. 그뿐만 아니라 타인의 생각과 감정을 이해하고, 사회적 평가를 하는 데도 관여한다. 이처럼 머리를 쉬게 하는 것이 오히려 뇌의 긍정적인 기능을 확장시킨다. 우리는 열심히 애쓰고 노력하는 것이 최선이라고 생각해 왔으나, 뇌는 오히려 우리가 아무것도 하지 않을 때, 또 다른 역할을 하고 있다.

이러한 연구를 배경으로 우리나라에서 멍 때리기에 대한 관심이 높아지고 있다. 멍 때리기는 DMN이 활성화될 때 나타나는 현상으로, 창의성과 문제 해결에 긍정적인 영향을 미친다. 하지만 주의해야 할 부분이 있다. 머리를 쉬게 한다고 해서 좋은 현상만 나타나는 것이 아니다. 앞서 말한 것처럼 친구의 비난으로 스트레스의 정도가 심해지면, 뇌는 스스로 과거의 사건을 지속적으로 반추하거나 미래를 걱정하는 작업으로 전환한다. 스트레스가 심할 때 멍 때리기는 오히려 우리에게 우울과 불안이란 부정적 정서를 확산하는 역할을 할 수 있다.

불교에서는 이를 '사념의 확산'이나 '망상(희론)'이라고 부른다. 그렇기에 명상과 멍 때리기는 다른 역할을 한다. 특히, 명상의 핵심 기능인 알아차림은 DMN의 활동을 조절하는 데 도움을 준다. 알아차림은 마음이 현재에 집중하도록 돕는다. 이러한 집중을 통해 명상 경험이 많은 사람에게는 DMN의 활성화가 감소하는 경향이 나타난다.

만약 친구로 인해 화가 났다면, 우리가 할 수 있는 최선의 방법은 내가 부정적인 생각을 하고 있다는 사실을 빨리 알아차리는 것이다. 알아차림이 어떻게 분노를 다스릴 수 있을까? 우리는 싫어하는 사람을 보거나, 그 사람에 대한 말을 들으면 화가 난다.

싫어하는 사람을 '땔감'에, 화를 '불'에 비유해 보자. 땔감이 계속 제공되는 한 불은 꺼지지 않는다. '싫어하는 사람'에 대한 생각이 내 마음을 채우고 있으면 '땔감'이 계속 들어가고 있는 것과 마찬가지다. 결국 쉽게 화가 가라앉지 않는다. 불과 땔감이라는 인과관계가 계속 연결되는 것이다. 불을 끄는 데는 여러 가지 방법이 있다. 소화기를 쓸 수도 있고, 물을 뿌릴 수도 있고, 담요로 덮을 수도 있다. 그리고 더 이상 연료를 제공하지 않는 것도 방법이다. 땔감을 주는 것을 멈추면 불은 꺼진다.

따라서 우리는 땔감을 내려놓고, '불'과 '알아차림'으로 인과관계를 바꿔보려고 시도해야 한다. 즉, 싫어하는 사람이나 상황에 대한 반복적인 생각을 멈추고 나를 알아차리는 것이다. 싫어하는 사람에 대한 생각을 멈춘다는 것은 땔감의 제공을 멈추는 것에 비유할 수 있다. 그리고 나를 알아차린다는 것은 지금 현재 이 순간 나의 상태를 파악하는 것을 말한다. 예를 들어, '저 사람 때문에 지금 화가 난다'는 땔감과 불의 인과관계다. 여기서 '저 사람 때문에'를 빼고, '지금 화를 내고 있구나'라고 알아차리는 것이다. 이 상태는 불과 알아차림의 관계다.

이렇게 땔감이라는 외부 대상은 내려놓고, 분노라는 내부 대상을 알아차리면 된다. 쉽게 말해 지금의 내 상태를 알아차리는 것이다. 이를 위해서는 분노의 대상에서 나의 마음을 잠시라도 떼어내려는 마음가짐이 필요하다. 이 노력이 분노를 조절하기 위한 첫 번째 단계다.

마음을 나에게로 돌려 화를 가라앉힐 수 있다면 성공이다. 하지만 분노의 수준에 따라 쉽게 사그라지지 않을 수 있다. 땔감의 제공이 잠시 멈춰져도 화기는 여전히 남아 있을 수 있다. 그러면 나에 대한 알아차림의 시간과 방법에 변화를 주어야 한다. 두 번째 단계는 '내가 화가 났구나' 하고 마음을 알아차리는 것에서 확장하여 내 몸의 감각까지 알아차리는 것이다. 화가 나니 '내 가슴이 두근거리는구나', '손이 떨리는 구나', '얼굴이 달아오르는구나' 등등 분노로 인해 나타나는 신체 반응을 살펴봐야 한다.

이론적으로는 내가 나의 몸과 마음을 알아차리는 동안 땔감은 제공되지 않는다. 즉, 분노의 대상에 꽂혀 있던 내 상태를 몸과 마음으로 돌리는 것이다. 이렇게 내가 나를 객관적으로 알아차리는 것을 '상위 인지', '메타 인지metacognition'라고 부른다. 우리는 명상을 통해 싫어하는 사람이 아닌 나를 대상으로 삼는다. 화를 조절하기 위해서는 현재 이 순간 내가 어떤 상태인지를 거리를 두고 객관적으로 알아차리려는 시도가 필요하다.

물론 이러한 방법이 통하지 않는다면, 세 번째 단계로 분노와 관계없는 다른 동작으로 전환한다. 여러 차례 심호흡을 하거나, 빠르게 걷거나 하는 등 다른 동작과 환경으로 우회하는 방법이 있다. 이러한 방법이 분노를 회피하기에 가장 수월할지 모르겠으나, 장기적으로 봤을 때는 첫 번째와 두 번째 단계를 추천한다. 두 단계는 나의 분노 자체를 만나는 작업이기에, 분노의 메커니즘을 이해하고 다스리는 힘을 쌓을 수 있다. 동시에 이러한 알아차림의 방법을 훈련한다면 적용의 대상을 확장할 수 있다.

알아차림을 통한 상위 인지의 능력을 키우면 분노 등의 정서적 영역뿐만 아니라, 통증처럼 신체 영역에도 적용할 수 있다. 물론 이러한 알아차림이 아픈 것을 낫게 할 수는 없으나, 실제로 아픈 것과 아픔으로 인해 일어나는 수면 장애, 우울, 자살 충동 등을 관리하도록 도와준다. 명상을 통해 싫어하는 사람이 좋아지게 만들 수는 없으나, 싫어하는 마음을 알아차리고 멈출 수는 있는 것이다.

"비구들이여, 집중을 계발하라. 집중을 계발한 비구는 있는 그대로를 분명히 알아차린다. 있는 그대로를 분명히 알아차린다는 것은 무엇인가? 눈眼에 대해 무상하다고 있는 그대로 분명히 알아차린다. 시각 대상色에 대해 무상하다고 있는 그대로 분명히 알아차린다. 눈의 의식眼識에 대해 무상하다고 있는 그대로 분명히 알아차린다. 눈의 접촉眼觸에 대해 무상하다고 있는 그대로 분명히 알아차린다. 눈의 접촉을 조건으로 하여 일어난, 즐겁거나 고통스럽거나 즐겁지도 고통스럽지도 않은 느낌受에 대해 무상하다고 있는 그대로 분명히 알아차린다."[8]

이러한 방법은 지금으로부터 2500여 년 전부터 사용되었다. 초기불교는 자기 자신에 대해 객관적으로 알아차리는 것을 동사로는 '분명히 안다pajānāti(빠자나띠)', 명사로는 '빤냐paññā', '반야', '지혜'라고 불렀다. 이처럼 지혜는 상위 인지처럼 자기 자신을 객관적으로 아는 것을 말한다.

조금 더 구체적으로 현대 마음챙김 명상의 토대가 되어준 경전 『대념처경』을 보면, 경전 이름이 '마음챙김의 확립'임에도 불구하고, 실제 내용에서는 '마음챙김'보다도 '분명히 안다(빠자나띠)'를 강조한다(굳이 횟수를 언급한다면 경전 안에서 '마음챙김'은 9회 정도 언급되고, '분명히 안다'는 133회나 언급된다).[9]

이처럼 대상이나 현상을 객관적으로 알아차리는 것은 명상의 진행에서 매우 중요하다. 알아차림 명상은 나쁜 것을 좋게 만드는 작업이 아니다. 특히, 아픈 것을 낫게 하는 게 목적이 아니라, 아픈 것을 아프다고 '아는 것'이 목적이다. 분노를 없애는 게 목적이 아니라, 내가 분노하고 있다는 사실을 '분명히 알고 있는 것'이 중요하다. 분노를 다스리는 방법은 '내가 화를 내고 있다'는 사실을 알아차리는 것에서 시작한다.

있는 그대로 받아들이다

과거는 과거대로 내버려 두고, 미래는 미래대로 내버려 두자. 내가 너희에게 현재를 통해 법을 설하겠다. 이것이 있으므로 저것이 있게 되고, 이것이 일어나므로 저것이 발생한다. 이것이 없으므로 저것이 없게 되고, 이것이 사라지므로 저것이 소멸한다.[10]

🪷　　　이번에는 앞에서 이야기했던 '불안'을 더 깊이 있게 다루고자 한다. 우리가 일상에서 겪는 괴로움에서 벗어나지 못하는 데는 불안이라는 정서가 깊이 박혀 있기 때문이라고 볼 수 있다.

불안은 우리의 생각과 행동, 인간관계까지 영향을 미치고 삶 전체를 흔들 수 있는 강력한 힘이 있다. 또한 우리가 '지금 이 순간'을 온전히 살아가는 것을 방해한다. 그렇기에 우리는 불안이라는 정서가 어디서 비롯하는지, 어떻게 작동하는지를 이해하고, 그것을 어떻게 다룰 수 있을지를 알아야 한다.

2024년 초여름, 애니메이션 한 편이 극장가를 휩쓸었다. 바로 9년 만에 속편으로 나온 〈인사이드 아웃 2〉다. 사춘기 소녀 라일리의 뇌 속에서 벌어지는 감정의 작용들을 의인화하여 보여주는 흥미로운 영화다. 속편에는 새롭게 추가된 감정 캐릭터로 '불안이'가 등장한다. 어린 시절 라일이의 삶에 '기쁨이'가 주인공이었다면, 이제 사춘기가 되면서 '불안이'가 새로운 주요 감정으로 나타난다. '불안이'는 모든 상황에 매사 부정적이지만 어느 누구보다 라일리를 위해 노력한다. 특히, 과거가 아닌 미래를 위해 현실적인 계획을 세우고 준비한다.

부정적 정서인 불안은 자아의 건강한 성장뿐만 아니라, 사회적 존재로서 살아남기 위해 반드시 필요한 감정이다. 하지만 '불안이'에게 뇌의 조정관 역할을 일임할 수는 없다. 감정 전반을 불안이 지배하면 기쁨은 줄어들고, 곧 좌절과 절망을 수반하게 될 것이기 때문이다. 명상은 불안을 다스리는 데 효과적이지만, 명상으로 불안을 다스리는 방법은 기존에 불안을 제거하기 위해 애써온 일반적 노력과는 사뭇 다르다.

물론 불안을 줄이기 위해서 의도적으로 이완을 강화하는 방법이 있다. 특히, '이완 명상'은 불안과 긴장으로 치우치는 마음을 균형 잡는 데 도움이 된다. 이처럼 불안의 반대 요소를 강화하는 대치법 외에도, 불안을 직접 만나고 관리하는 명상법이 있다. 그것은 바로 '받아들임' 즉, '수용'이다.

이 역시 쉬운 일은 아니다. 먼저 나에게 불안이 일어난 것을 알아차려야만 한다. 그리고 불안을 인정하고 받아들여야 한다. 심리학에서는 이러한 수용을 다양한 방향으로 실험했다. 그중에는 '코끼리는 생각하지 마', '백곰은 생각하지 마' 등 제안을 통해, 내가 거부하고 반복적으로 벗어나려 한 노력이 오히려 불안을 끌어당기고 있음을 설명한다. 안타깝게도 최선의 노력이 최악의 방법이었던 것이다.

실험에서는 참가자들에게 일정한 시간 동안 코끼리 생각을 하지 못하도록 주문한다. 과연 참가자들은 코끼리 생각을 하지 않게 될까? 결과가 궁금하다면, 지금 잠시 책을 덮고 30초 동안만 코끼리 생각을 하지 말아보자. 너무 심각하게 받아들일 것은 없다. 책을 덮기 싫으면 잠시 눈을 감고 30초만 코끼리 생각을 하지 말아보자. 혹시 30초를 재기 어려우면, 눈을 감고 마음속으로 하나부터 서른까지 헤아려도 좋다.

아마도 마음은 두 가지 작업을 했을 것이다. 하나는 숫자를 헤아리는 것, 그리고 다른 하나는 서른까지 세는 동안 '내가 무엇을 해야 하지?'라는 생각이 일어나는 것이다. 그러고는 바로 '아, 코끼리 생각하면 안 돼'라는 생각이 저절로 들었을 것이다. 이미 코끼리 생각을 해버렸다. 코끼리 생각을 하지 않으려 하니, 생각하면 안 되는 것이 무엇인지 생각할 수밖에 없다. '코끼리 생각하면 안 돼', '코끼리 생각하면 안 돼', '코끼리 생각하면 안 돼' 하면서 정작 생각하는 것은 코끼리다.

이와 같은 방식이 불안에도 적용된다. 불안 장애를 겪고 난 사람은 두 번 다시 이를 경험하고 싶지 않다고 느낄 것이다. 그래서 불안의 시그널이 나타나면 불안에서 벗어나고 싶어지고, 불안을 없애기 위해 최선을 다해 애쓰게 된다. 불안이 커지면 증상으로 나타나기에 불안하면 안 된다고 생각한다.

'불안하면 안 돼', '나 이렇게 불안이 시작되면 숨도 잘 못 쉬는데', '큰일 났네. 불안하면 안 되는데' 하면서 어느새 마음은 불안으로 가득 차 있다. 불안하지 않기 위해 했던 최선의 노력이 오히려 불안을 키우는 최악의 방법이 되는 것이다. 불안을 해결하는 방법은 불안에서 벗어나고자 노력하는 것이 아니라, 나의 불안을 있는 그대로 받아들이는 것이다. 이것을 '수용'이라고 부른다.

불안이 일어나면 '내가 불안하구나' 하고 지금 이 순간에 나타나는 심리 변화와 신체 반응을 인정하고 받아들여야 한다. 예를 들어, 몸의 반응이 일어나면 '내 손이 떨리는구나', '심장이 두근거리는구나', '답답하구나' 등으로 불안을 맞이한다. 불안을 피하려 할수록 오히려 더 강하게 다가올 것이다. 그러니 불안하지 않기 위해 불안을 더 느끼도록 시도해 보는 것, 회피가 아닌 기꺼이 경험하기를 선택하는 것이다. 깊은 깨달음과 감정을 짧은 시구로 표현한 『우다나』에는 다음과 같은 가르침이 있다.

"다음과 같이 수행하라. 보는 데 있어 단지 바라볼 뿐이며, 듣는 데 있어 단지 들을 뿐이며, 맡는 데, 맛보는 데, 느끼는 데 있어 단지 느낄 뿐이며, 아는 데 있어 단지 알 뿐이다. 이와 같은 방법으로 수행할 때, 대상들과 함께 하지 않을 것이다. 대상과 함께 하지 않을 때, 대상 안에 있지 않을 것이다. 대상 안에 있지 않을 때, 대상 너머 혹은 그 사이에도 있지 않을 것이다. 이것이 바로 괴로움의 소멸이다."

눈, 귀, 코, 혀, 몸 그리고 마음(육근六根)으로 대상을 만날 때 단지 보고, 듣고, 맡고, 맛보고, 느끼고, 아는 상태에서 멈춰야지, 이들을 엮고 섞어 또 다른 생각으로 확산하면 안 된다는 설명이다.

만약 생각이 망상으로 확장되고 그 안에 머문다면 괴로움이 시작된다. 누군가가 나에 대해 부정적인 말을 하는 것을 들었다고 하자. 이를 '들음'에서 끝내야지, '왜 그런 말을 했을까?'로 생각이 퍼지면 괴로움이 시작된다. 그리고 그 말이 나에게 불안을 일으키면, 불안이 일어났다는 사실을 아는 것에서 끝내야지, 불안과 함께 하면 결국 불안은 점점 커져 나를 집어삼키고 만다. 결국에는 괴로움이 깊어질 수밖에 없다.

즉, 어떤 심신의 현상이 일어나더라도 현재 일어나는 것에 대해 보이는 만큼만, 있는 그대로 아는 것을 강조한다. 이것이 괴로움에서 벗어나 지혜로 아는 것이다. 우리는 명상을 통해 불안을 다스릴 수 있다. 그 방법은 현재의 불안을 회피하는 것이 아니라, 있는 그대로 받아들이는 것이다.

명상은 좋게 느끼기 위해서 하는 것이 아니라, 잘 알기 위해서 하는 것이다.

모든 것은 변한다

'모든 행은 변한다'라고 분명히 알면, 괴로움을 떠나 청정한 길로 간다.[11]

❁ 초기불교의 핵심 가르침 중 하나인 삼법인三法印은 모든 현상에 내재된 세 가지 특징을 나타낸다. 이는 '무상無常', '고苦' 그리고 '무아無我'다. 무상은 '영원하지 않음'을 의미하며, '모든 것은 변한다'는 원리를 나타낸다. 고는 단순히 괴로운 감각과 정서를 넘어, 변화하는 모든 것이 '만족스럽지 못하다'는 의미를 담고 있다. 무아는 '나라고 할 만한 것은 없다'는 뜻으로, 무상함 속에서 아뜨만ātman과 같은 '고정불변의 실체는 없다'는 것을 의미한다.

삼법인은 조건 지어진 현상에 대한 초기불교의 기본적 입장을 나타낸다. 삼법인을 이해하기 위해서는 이 세 가지를 각각 분리하기보다 서로를 포함하는 관계로 봐야 한다. '무상' 안에 '고'가 그리고 그 안에 '무아'가 포함되어 있음을 이해해야 한다. 삼법인의 첫 번째, 모든 것은 변한다(제행무상諸行無常)는 가르침을 살펴보자.

붓다는 "'모든 행行은 변한다'라고 분명히 알면, 괴로움을 떠나 청정한 길로 간다"라고 했다. 여기서 행은 형성된 모든 것으로 조건 지어진 것들을 의미한다. 즉, '서로 조건에 의지하여 형성된 모든 것은 변한다'는 것이다. 그리고 이것을 분명히 아는 것이 바로 청정으로 가는 지혜(빤냐)라고 설한다. 하지만 이를 이해하기가 쉽지 않다.

'모든 것은 변한다'는 무상함을 이해하기 위해서는 중요한 몇 가지를 고려해야 한다. 일부 사람들은 "변하지 않는 것이 있다"라고 주장하며, 또 다른 이들은 "변하는 것은 당연한데 이것이 어떻게 법이고, 청정의 길이 될 수 있는가?"라고 의문을 제기할 수 있다. 우선 누군가 '변하지 않는 것이 있다'고 주장한다면 이는 분명한 사실이다. '하나 더하기 하나가 둘이 되는 것'은 변하지 않는다. 사람의 이름도 변하지 않는다. 누군가가 만약 약속을 바꾸거나 개명한다면 이는 변하는 것이 아니냐고 말할 수 있다. 하지만 '만약'이라고 가정해야만 가능한 일이다.

삼법인이라는 현상의 특징은 지금 이 순간에 경험되는 것으로 말해야지, 앞으로 될지 안 될지 모르는 가정을 붙여 미래를 말한다면 이미 현상에서 벗어난 것이다. 그렇다면 '변하지 않는 것은 있다' 고 해야 하는가? 붓다의 무상이란 가르침은 틀린 것인가?

삼법인의 첫 번째 무상을 이해하기 위해서는 개념과 실제에 대한 구분이 필요하다. 앞서 말한 덧셈이나 이름은 우리가 정한 개념이다. 서로의 소통을 위해서 정한 약속이다. 우리말로 쓰인 사람의 이름은 언어와 문자가 다른 나라에서는 읽지 못한다. 각 나라의 언어 역시 약속이다. 다른 나라의 언어라는 약속을 모르면 소통할 수 없다.

이처럼 개념은 실재하는 현상이 아니라 우리가 만들어낸 것이다. 우리가 정한 약속과 개념은 변하지 않을 수 있지만, 실재하는 현상 중에 변하지 않는 것은 없다. 붓다의 무상은 개념이 아닌 실제를 말하는 것이다. 이를 이해하기 위해 일상적인 예를 들어보자.

마트에서 과일을 고르는 상황을 생각해 보자. 판매대에 사과 다섯 개에 만 원이라고 정해진 가격표가 있다. 만 원어치를 산다면, 우리는 그냥 사과 다섯 개를 집어 오는가? 아니면 좋은 사과를 고르는가? 당연히 고른다. 사과는 각각 모양, 색깔, 크기 등이 모두 다르기 때문이다. 사과의 개수와 가격은 우리가 정한 약속으로 개념이다. 하지만 골라야 하는 각각 다른 사과는 실제다. 개념은 우리가 서로 정한 약속이기에 모두에게 공통적이고, 소통할 수 있으며, 정의 내리기 쉽다. 그리고 약속을 바꾸기 전까지 변하지 않는다.

반면 실제는 우리가 정한 약속이 아닌, 사실 그대로이기에 다양성과 변화를 포함하고 있다. 따라서 "진짜 모든 것이 변하나요? 변하지 않는 게 너무 많은데요?"라는 질문에 대한 답은 이렇다. 변하지 않는 것이 있지만, 이들은 개념이거나 언어적인 약속일 뿐, 실재하는 현상이 아니다. 붓다의 무상은 개념이 아닌 조건 지어진, 실재하는 현상을 말하는 것이다. 그리고 이들은 모두 변한다.

한편, "변하는 것은 당연한데 이것이 어떻게 법이고, 청정의 길이 될 수 있는가?"라는 질문에 대해서 생각해 보자. 어린아이도 아이스크림이 녹는 것을 보고 변화를 안다. 사람뿐만 아니라, 심지어 동물도 계절이 변하는 것을 안다. 이처럼 변하는 것은 당연하고 이렇게 변한다는 것을 모르는 사람은 거의 없다. 그렇다면 이를 아는 것이 어떻게 지혜가 되고, 괴로움에서 벗어나 청정의 길로 가는 것이 될 수 있을까?

붓다가 설한 무상함을 아는 것은 외적 대상의 변화를 경험하는 것뿐만이 아니라, 내 안의 경험을 통해 무상함을 직접 체험하는 것을 말한다. 그것은 감각일 수도, 정서일 수도 있다. 호흡일 수도, 통증일 수도 있다. 이는 내적 대상, 즉 자신을 통찰하는 것이다. '실제로 경험하는 모든 현상은 변한다'는 사실을 알도록 노력하는 것이 초기불교의 수행이며, 위빠사나vipassanā, 觀 수행의 핵심 과제다.

외부의 환경 변화는 누구나 알고 있다. 하지만 자기 안의 내적 변화를 있는 그대로 보고 아는 것, 그리고 그 안에 변하지 않기를 바라고 있는 자신을 발견하는 것이 곧 괴로움을 떠나 청정함으로 가는 길이다. 외부의 어떤 힘에도 의존하지 않고 스스로 자신을 아는 것, 이것이 인간의 위대함이며 붓다가 우리에게 전하고자 했던 가르침이다.

변하는 것들은 만족스럽지 못하다

'모든 행은 만족스럽지 못하다'라고 분명히 알면, 괴로움을 떠나 청정한 길로 간다.[12]

앞서 삼법인의 무상에 대해서 살펴보았다. 이제 모든 현상에 내재된 세 가지 특징 중에 두 번째 '고'에 대해 알아보자. '고'는 단순히 괴로운 감각과 정서를 넘어, 변화하는 모든 것이 '만족스럽지 못하다'는 의미를 담고 있다. 조건 지어진 현상에 대한 초기불교의 기본적 입장은 이 세 가지 특징, 즉 삼법인을 함께 이해해야 한다는 것이다. '무상' 안에 '고'가 그리고 그 안에 '무아'가 자리 잡고 있음을 파악해야 한다.

삼법인의 두 번째, '모든 것은 만족스럽지 못하다'는 일체개고一切皆苦의 가르침을 살펴보자.

붓다는 "'모든 행은 만족스럽지 못하다'라고 분명히 알면, 괴로움을 떠나 청정한 길로 간다"라고 설했다. 여기서 행은 형성된 모든 조건 지어진 것을 의미한다. '서로 조건에 의지하여 형성된 모든 것은 만족스럽지 못하다'는 것이다. 그리고 이것을 분명히 아는 것이 바로 청정으로 가는 지혜(빤냐)다.

초기불교에 나타나는 빠알리어인 둑카dukkha는 우리말로 '괴로움', 한자로 '苦(고)', 영어로 'suffering'으로 번역된다. 둑카의 어원은 사실 분명하지 않다. 빠알리-영어 사전에 따르면, 둑카의 '두du'는 '나쁜', '어려운'의 의미를 지닌 접두사 '두duḥ'에서 파생되어 '카ka'와 합성되었다고 본다.13 여기서 '카kha'는 '수레바퀴 구멍'이라는 의미이므로, '잘 맞지 않는 바퀴 구멍'으로 불편한 삶의 여정을 표현했다고 보기도 한다.

> "벗이여 사리뿟다여, '괴로움, 괴로움'이라고 하는데, 벗이여, 괴로움이란 무엇입니까?" "벗이여, 이와 같은 세 가지 괴로움dukkhatā이 있습니다. 고통의 괴로움(고고성苦苦性), 형성의 괴로움(행고성行苦性), 변화의 괴로움(괴고성壞苦性)입니다. 벗이여, 이와 같은 세 가지 괴로움이 있습니다."14

초기경전인 『상윳따 니까야』에서 설명하는 둑카는 일상적인 괴로움의 성질인 '고고성', 조건 지어진 상태에서 경험하는 괴로움의 성질인 '행고성', 그리고 변화로 인하여 발생하는 괴로움의 성질인 '괴고성'으로 구분된다. 고고성은 보편적인 괴로움으로 모든 육체적, 정신적 괴로움을 말한다. 태어나고, 늙고, 죽고, 병들고, 싫어하는 사람과 만나고, 좋아하는 사람과 헤어지고, 원하는 것을 이루지 못하는 슬픔, 비탄, 근심 등이 이에 해당한다.

행고성은 나라고 하는 생각에 의해서 발생하는 괴로움을 말한다. 다시 말해 존재, 개체, 오온이 나라고 생각하는 것에서 비롯되는 괴로움을 말한다. 그리고 괴고성은 즐거움이나 행복이 변화하기에 영원히 지속되지 않는 것에 대한 괴로움을 말하다. 이들은 1) 고통스럽기 때문에 '둑카'이고, 2) '나'라거나 '내 것'으로 착취하기 때문에 '둑카'이며, 3) 결국은 변하고 말기 때문에 '둑카'라고 설명하는 것이다.

삼법인을 통해 나타나는 둑카는 변화의 괴로움(괴고성)에 가깝다. 하지만 둑카에 대한 잘못된 이해가 불교에 대한 오해로 이끌기도 한다. 특히, '일체개고'의 둑카를 단순히 '苦, suffering, 괴로움' 등으로 번역하여 "모든 것이 괴롭다"라고 설명한다면 이는 둑카에 대한 잘못된 이해다. 월폴라 라훌라^{Walpola Rāhula} 스님은 많은 사람들이 둑카의 의미를 잘못 번역하여 사용함으로 인해 불교를 염세주의라고 오해하게 만든다고 지적한다.

"많은 사람들이 불교를 염세주의적 사상으로 잘못 이해하게 된 것은 바로 이러한 한정되고 안이한 번역과 피상적인 해석 때문이다. (…) 둑카를 일반적으로 괴로움, 아픔, 슬픔, 불행의 의미로 행복, 편안함, 즐거움을 나타내는 '수카'의 반대어로 사용하는 것은 사실이다. 그러나 둑카는 붓다의 시선에서 바라본 세상과 삶의 다양하고 깊고 거대한 철학적인 의미를 내포하고 있다. 둑카는 '불완전성', '무상함', '비어 있음', '실체 없음' 등의 의미도 포함하고 있다. 따라서 둑카가 가진 의미를 모두 포함하는 단어를 찾기는 쉽지 않다. 어쩌면 둑카를 괴로움이나 고통 등의 부적절하고 잘못된 단어로 번역하는 것보다, 번역하지 않고 둑카로 놔두는 것이 더 나을 수 있다."[15]

붓다가 괴로움을 설명하지만, 삶의 행복을 부정하는 것은 아니다. 붓다는 재가와 출가에 대한 구분 없이 여러 가지 형태의 육체적, 정신적 즐거움에 대하여 설한다. 초기경전의 설명에 따르면 재가의 즐거움, 출가의 즐거움, 애착의 즐거움, 정신적 즐거움, 육체적 즐거움 모두 '둑카'에 해당한다. 더 나아가 수행을 통해 얻는 선정의 상태, 높은 수행의 단계 역시 '둑카'에 해당한다. '둑카'는 일상적인 의미에서의 괴로움이 아니라 무상한 것은 무엇이든지 '만족스럽지 못하다'는 의미이기 때문이다.

이처럼 둑카는 육체적, 정신적 느낌뿐만 아니라, 깊은 철학적 의미로도 사용된다. 실재하는 모든 현상은 무상한 성질 때문에 덧없으며, 비지속적이기 때문에 만족스러운 경험의 근거가 되기 어렵다. 무상한 것은 무엇이건 불만족스럽다.

불교에서 사물을 보는 데는 낮은 관점과 높은 관점 두 가지가 있다(괴로움 관찰을 할 때도 이 두 가지 관점으로 본다). 낮은 관점, 세속적 시선에서 보면 우리의 경험 세계, 즉 감각과 느낌의 영역에는 즐겁거나 행복한 느낌, 불쾌하거나 불행한 느낌, 괴롭지도 즐겁지도 않은 느낌이 있다. 물론 세상에는 불행과 마찬가지로 행복이라는 것이 있다.

그러나 더 깊이 탐색해 보면, 이 세 가지 유형의 경험들 사이에는 반드시 공통분모가 있다. 세 경험 모두 무상 혹은 변화라는 보편적인 속성에 종속된다는 사실이다.[16] 우리가 누차 경험하고 있는 것처럼 아무리 즐거운 느낌이라고 할지라도 머지않아 사라진다. 아무리 괴로운 느낌이라고 해도 머지않아 사라진다. 앞서 「행복은 불행을 조건으로 한다」에서 설명했던 것처럼 즐거움과 괴로움은 서로를 담보하듯이 서로를 조건으로 나타난다. 심지어 괴롭지도 않고 즐겁지도 않은 느낌도 지속되지 않고 변한다.

따라서 붓다가 설한 '일체개고'의 둑카는 감각적 괴로움의 차원을 초월한다. 심지어 즐거움이나 행복도 그것이 무상한 것이라면 불만족의 속성을 벗어날 수 없기에 둑카라는 것이다. 「니다나 상윳따」

에서 붓다는 '즐거운 느낌(낙수樂受)'과 '괴롭지도 않고 즐겁지도 않은 느낌(불고불락수不苦不樂受)'도 둑카에 포함시킨다.

> "벗이여, 세 가지 느낌이 있다. 세 가지란 무엇인가? 즐거운 느낌과 괴로운 느낌, 그리고 괴롭지도 않고 즐겁지도 않은 느낌이다. 벗이여, 이 세 가지 느낌은 모두 무상하며, 무상한 것은 괴로운 것이라고 알려질 때, 느낌 안에서 환락이 일어나지 않는다. (…) 이와 같이 '무엇이든 느껴진 것은 괴로움에 속한다'라고 설명할 수 있다."[17]

붓다가 삼법인을 통해 설하고자 했던 '일체개고'는 느낌의 범주뿐만 아니라, 모든 현상은 무상함 안에서 불만족스럽다는 보편적인 진리를 전하고자 하는 것이다. 변하는 모든 것은 만족스럽지 못하다.

나라고 할 만한 것이 없다

'모든 현상은 무아다'라고 분명히 알면, 괴로움을 떠나 청정한 길로 간다.**18**

🪷 이제 마지막 '무아'에 대해 접근해보자. 붓다의 가르침 중에 무아는 다른 어떤 가르침보다도 이해하기 까다로운 현상이다. 특히, 자아 관념을 강하게 가지고 있는 범부에게 무아는 파악하기 어려운 것이 분명하다. 게다가 무아설이 윤회와 함께 설명되는 경우는 더욱 난해하다.

붓다는 "'모든 현상은 무아다(제법무아諸法無我)'라고 분명히 알면, 괴로움을 떠나 청정한 길로 간다"라고 설했다. '형성된 모든 현상에는 나라고 할 만한 것이 없다'는 것이다. 그는 이것을 분명히 아는 것이 바로 청정으로 가는 지혜(빤냐)라고 설한다.

불교의 핵심 교리인 무아 개념은 초기경전을 통해 다양하게 설명된다. 무아는 모든 것은 변한다는 무상의 가르침 안에서 고정불변의 실체 역시 부정하는 것이다. 모든 것은 변하는데 그 안에 변하지 않는 '나'라는 실체가 있으면 모순이 된다. 이는 인간 안에 '나'라고 부를 만한 영속적인 자아가 존재하지 않는다는 설명이다.

붓다의 시대에 일부 우파니샤드^{Upaniṣad}를 믿는 사람들은 인간의 심장 속에 손톱 크기의 아뜨만이라는 고정불변의 실체가 살고 있다고 생각했다. 하지만 붓다는 성도 이후, 자신 안에 손톱 끝으로 집을 수 있는 작은 크기만큼이라도 고정불변의 실체를 찾을 수가 없었다고 설한다.

"그때 세존께서는 손톱 끝으로 흙먼지를 집어 들어 그 비구들에게 말씀하셨다. '비구들이여, 이와 같이 항상 하고 견고하고 영원하고 불변하는 것으로 언제까지라도 존재할 수 있는 물질(느낌, 지각, 행위, 의식)은 없다. 수행승이여, 항상 하고 견고하고 영원하고 불변하는 그러한 물질(느낌, 지각, 행위, 의식)이 있다면 괴로움을 소멸시키기 위해 청정한 삶을 시설할 수 없다. (…) 비구들이여, 어떻게 생각하는가? 물질(느낌, 지각, 행위, 의식)은 영원한가, 무상한가? 세

❤ 아뜨만(자아)에 대한 깊은 철학적 탐구를 담은 고대 인도 철학 중 하나다.

존이시여 무상합니다. 그렇다면 무상한 것은 괴로운 것인가, 즐거운 것인가? 세존이시여 괴로운 것입니다. 그런데 무상하고 괴롭고 변화하는 것을 '이것은 나의 것이고, 이것은 나이고, 이것은 나의 자아다'라고 여기는 것은 옳은 것인가? 세존이시여 옳지 않습니다."19

그는 변하지 않는 실체를 부정하고, 모든 현상은 조건들로 연하여 일어난다(연기緣起)는 가르침을 설한다. 물론 붓다가 '나(자아)'라는 개념적 표현을 부정한 것은 아니다. 초기경전에서 붓다는 '나'라는 용어를 다양하게 활용한다. 붓다의 마지막 설법 중에 '자등명 법등명自燈明 法燈明'●의 가르침만 생각하더라도 이를 알 수 있다. 그러나 이는 영원불변의 실체로서 자아를 인정하기 위해서가 아니라, 의사소통을 위해 세상의 표현, 언어, 관습, 개념으로 사용한 것이다. 붓다는 이러한 언어에 얽매여, 고정불변의 자아가 있다고 이해하여 무아의 의미를 이해하지 못하는 자들을 어리석다고 표현했다.

그럼에도 불구하고, 일반적으로 인간은 자아 관념을 갖는다. 먼저 붓다는 이러한 관념을 갖게 되는 이유 중 하나로, 대상의 인지와

● 붓다는 열반을 앞두고 제자가 "스승께서 떠나신 뒤 우리는 무엇을 의지해야 합니까?"라고 묻자, "자기 자신을 등불로 삼고, 법(가르침)을 등불로 삼아라"라고 답하였다. 이는 다른 누구에게 의존하지 말고, 오직 자신과 진리에 귀의하라는 마지막 유훈을 남긴 것이다. 불교에서 말하는 무아는 나의 존재를 부정하는 것이 아니라, 나 역시 끊임없이 변화하며 변하지 않는 고정된 실체는 없다는 사실을 가르친다.

지각 과정을 설명한다. 연기의 과정에서 우리는 대상과의 접촉 이후, 느낌을 거쳐 갈애를 일으키고 집착하고, 혹은 느낌을 거쳐 지각과 생각으로 인식을 확장한다. 이 과정에서 자연스럽게 '나는 있다'라는 관념이 만들어진다. 이렇게 반복적으로 형성된 자아 관념은 쉽게 제거되지 않으며, 아라한이란 성인의 단계에 이르러야 완전히 벗어날 수 있다는 것이다.

또한 붓다는 오온五蘊을 통해 무아를 설명한다. 오온은 인간을 구성하는 다섯 가지 요소로, 색色(물질), 수受(감각), 상想(인식), 행行(의지), 식識(의식)이 있다. 즉, 인간은 몸(색)과 마음(수상행식)으로 구성되어 있으며, 이 다섯 가지 요소 안에는 영원하고 불변하는 것이 없기에 자아라는 실체를 찾을 수 없다는 설명이다. 붓다는 오온에 대한 통찰을 통해, 변하지 않는 '자아'나 '고정된 실체'라는 그릇된 오류를 만드는 원인과 경험 전체를 세밀하게 분석했다.

그럼에도 불구하고 무아인데 사람이 죽고 다시 태어나는 윤회와 결합하면 또 다른 의문이 생긴다. 대표적인 질문은 아마도 "무아인데 무엇이 윤회하나요?"일 것이다. 윤회는 과거에 지은 업의 과보를 내세에 받는 자가 있어야 한다는 논리에서 비롯한다. 내가 잘못했다면 내가 그 잘못의 과보를 받아야 하는 것이 당연하지 않겠는가. 이 논리가 깨지면 '선인선과 악인악과'라는 인과응보가 말이 되지 않는다. 따라서 죽은 후에도 나는 지속되어야 한다는 결론을 내리게 된다. 이러한 논리적 발상은 '무아윤회無我輪廻'의 가르침은 모순이라는 결론으로 귀결하게 만들기도 한다.

그렇다면 무아윤회는 경험적으로 어떻게 이해해야 할까? 예를 들어보자. 우유를 놔두면 응유로 변한다. 그리고 응유를 놔두면 버터(고체)로 변한다. 그리고 다시 버터를 놔두면 버터기름(액체)으로 변한다. 우유가 없다면 버터기름이 생길 수 있는가? 불가능하다. 그렇다면 우유 안에 버터기름이 한 방울이라도 들어 있는가? 아니다. 그렇다면 버터기름에 우유가 한 방울이라도 들어 있는가? 물론 아니다. 버터기름을 샀는데 우유가 한 방울이라도 들어 있다면 불량품으로 바꿔야 한다. 이처럼 우유와 버터기름은 모양도 성질도 완전히 변했다. 하지만 우유가 없다면 버터기름은 생길 수 없다.

전생의 내가 없다면 내생(죽은 뒤의 생애)의 나도 없겠지만, 전생의 내 안에 내생의 내가 들어 있다거나, 내생의 내 안에 전생의 내가 들어 있지는 않다는 설명이다. 모든 것은 변하고 변화의 흐름만이 있을 뿐, 고정불변의 실체는 없다. 이것이 무아윤회다.

다른 예도 가능하다. 우리가 훌륭한 스승에게서 귀한 법문을 한 시간 동안 들었다고 가정해 보자. 스승은 우리에게 가르침을 분명히 주었고, 우리는 이를 분명히 받았다. 그런데 무엇을 받았는지 보여줄 수 있는가? 스승은 한 시간 동안 가르침을 주었고, 우리는 한 시간 동안 가르침을 받았음에도 그 안에 이것을 받았다고 보여줄 만한 실체는 없다. 분명히 받았으나 그 실체는 없는 것이다. 단지 연속적인 흐름만이 있을 뿐이다. 이번 생에 죽고 나면 다음 생으로 전해진다. 이것이 전달되었다고 할 만한 실체는 없으나 전달이 된 것이다. 이것이 무아이면서 윤회한다는 설명이다. 이처럼 무아윤회는 개념적 이론이 아니라 경험적 현상이다.

실재하는 모든 것은 변한다. 윤회의 과정에서도 나라고 할 만한 고정된 실체는 없으며, 단지 변화의 연속이 있을 뿐이다. 초기불교의 무아에 따르면 '나는 존재한다'고 믿는 것은 변하지 않는 내가 있다는 관념에 불과하다. 고정된 '나'라는 것은 변화의 과정에서 찾을 수 없는 개념일 뿐이다. 따라서 무아의 이해는 단순한 개념적 이해를 넘어 실제적인 체험과 통찰을 통해 이루어져야만 한다.

자아와 무아에 대한 구분은 불교에서 말하는 두 가지 진리와 연관되기도 한다. 즉, '관습적 진리'와 '궁극적 진리'로 볼 수 있다. 이두 가지 진리 개념은 불교철학에서 중요한 위치를 차지하며, 현상세계를 이해하는 관점을 나타낸다. 관습적 진리는 일상적인 언어와 개념을 통해 세계를 이해하는 방식을 가리키며, 궁극적 진리는 언어로 표현하기 어려운 현상의 본질적 실제를 지칭한다.

먼저 불교 수행자는 관습적 진리를 통해 무아의 의미를 듣고 이해해야 하며, 더 나아가 궁극적 진리라는 실제 현상과 경험을 통해 무아를 체험해야만 한다. 이것이 초기불교에서 말하는 수행의 길이다.

붓다는 윤회를 인정하지만, 윤회 안에 영원히 지속되는 고정된 실체는 부정한다. 초기불교에서 윤회의 주체는 영혼과 같은 고정된 실체가 아니며, 불변하는 자아 없이도 윤회가 가능하다고 본다.

물론 인간의 존재 자체를 부정하는 것이 아니다. 인간은 유형의 존재로서 살아 있으며 노력하고 성장하며 행복을 추구한다. 그러나 인간은 변화한다는 공통적 특성(무상)을 벗어나지 못한다. 붓다의 무아 사상은 자기 자신을 부정하는 것이 아니라, 영원불변하는 고정된 실체로서의 자아를 부정하는 것이다. 붓다는 정해진 숙명을 부정했다. 나는 노력을 통해 성장이라는 변화를 이룰 수 있다.

명상인가, 수행인가

소리에 놀라지 않는 사자같이, 그물에 걸리지 않는 바람같이, 물에 때 묻지 않는 연꽃같이, 무소의 뿔처럼 혼자서 가라.[20]

❀ 명상이 우리 일상에 자연스레 자리 잡았지만, '명상은 이것이다'라고 정의하기는 쉽지 않다. 사람마다 명상에 대한 다른 기준을 지니고 있기 때문이다.

예를 들어, 누구가에게 "밥 먹었냐?"라고 물으면 "먹었다", "안 먹었다"라고 대답하겠지만, 무엇을 먹었는지에 대해서는 서로 다를 수 있다. 어떤 이에게 밥은 쌀밥이 될 수 있고, 다른 이에게는 국수나 샌드위치가 될 수 있기 때문이다. 이처럼 명상도 종교, 목적, 방법, 대상 등에 따라 너무나 다양하기에 '명상은 이것이다'라고 정의하기가 쉽지 않다.

이렇게 정의가 어려운 경우, 사전적 의미부터 찾아보는 것이 순서가 될 수 있다. 우선 한자로 '명상'은 어두울 '명㝠' 혹은 눈감을 '명瞑' 자에 생각할 '상想' 자를 쓴다. 그러니 '고요히 눈을 감고 깊이 생각함. 또는 그런 생각'이라는 의미를 지니고 있다. 영어로 '메디테이션meditation'은 '한 가지 혹은 일련의 주제에 대한 지속적인 생각이나 숙고, 진지한 성찰 또는 정신적 묵상'이라는 의미로 사용된다. 여기서 '묵상'은 영어로 '컨템플레이션contemplation'이라고 한다.

'묵상'이라는 용어는 불교보다는 유일신을 믿는 종교에서 자주 만나게 된다. 예를 들어 유대교, 기독교, 이슬람교 안에서의 명상은 '영혼이 신에 대해 사랑과 거룩함을 키우도록 종교적 진리, 신비 또는 경건의 대상에 대한 묵상하는 마음을 지속적으로 적용하는 것. 혹은 이런 종류의 경건한 연습'을 의미한다. 따라서 유일신교에서의 명상은 신과의 소통으로 영적인 상태를 얻기 위한 준비와 기여를 말한다.

여기서 알 수 있는 흥미로운 사실은 신을 믿는 종교에서 오히려 명상을 기도의 방법으로 적극 활용했다는 점이다. 명상은 본래 불교 용어로 사용된 것이 아니다. 오늘날 일부 유일신을 믿는 종교에서 명상이 불교 용어라며 표현조차 금기시하는 경우가 있는데, 이해하기 어려운 일이다. 사실 붓다는 명상이란 한자도, 메디테이션이란 영어도 몰랐다.

불교 안에도 '명상'과 유사한 단어가 있다. 지금으로부터 2500여 년 전, 붓다의 시대에 사용했다고 여기는 인도 고대어를 빠알리어라고 한다. 명상은 빠알리어로 '자나jhāna'라고 하는데, '명상하다', '생각하다'의 의미를 지닌 '자야띠jhāyati'라는 동사형에서 나온 중성명사다. 중국 불교에서는 '자나禪那'를 한자로 '선정禪定'이라고 번역했으며, 지금은 '선禪'이나 '젠Zen'이라는 용어가 더 넓은 의미로 사용되고 있다.

한국 불교의 전통 수행법 중 하나인 '간화선看話禪' 역시 선의 한 종류로, '화두'라는 질문이나 문제를 깊이 참구하면서 깨달음을 얻고자 하는 수행법이다. 오늘날 화두는 일상에서의 '화젯거리', '고민거리' 또는 '생각할 거리'라는 뜻으로 널리 쓰이고 있다. 하지만 간화선은 스승에게서 받은 화두를 중심으로 마음속에 의심을 깊이 품고 관념의 벽을 넘어 깨달음을 추구하는 대표적인 선 수행법이다. 우리나라에는 안국선원의 수불修弗 큰스님이 지도하는 간화선修弗禪이 대표적이라 볼 수 있다. 지난 30여 년간 3만 명이 집중수행을 통해 가르침을 받았고, 나 역시 그중 한 사람이다.

최근 한국 불교의 조계종단 등에서는 '선명상禪冥想', 'K-명상'이라는 신조어를 만들어, 불교 전통에 기반하면서 여러 사람의 심신 건강을 도모하기 위해 노력하고 있다.

실천적인 측면에서 명상과 유사한 용어는 '수행'이다. 수행이라고 하면 먼저 면벽수도를 하는 스님의 이미지가 떠오른다. 수행이라는 단어가 불교 내에서 제한적으로 사용되는 탓도 있겠지만, 종교적 행위로 인식되어 온 배경 역시 본래 의미를 좁히고 있다.

감각적 욕망의 충족과 즐거움을 추구하는 이 시대에 괴롭고 싶은 사람은 찾기 어려울 것이다. 마치 '모든 것이 고통이다(일체개고)'라는 가르침을 염세주의로 잘못 이해하는 것처럼, 수행은 마음이 괴롭거나 힘든 사람이 하는 것이라는 오해가 있다. 출가한 스님들은 엄청난 시련을 겪어 속세를 떠난 것이라는 잘못된 편견이 수행과 함께 깊게 자리하고 있는 듯하다.

수행은 빠알리어 '바와나bhāvanā'의 번역어다. 이 용어는 '발전' 혹은 '성장'을 의미한다. 붓다의 시대 인도 사회는 카스트 신분제도에 놓여 있었다. 개인은 부모에게서 받은 계급을 바꿀 수 없었고, 숙명처럼 받아들여야만 했다. 하지만 이 시기 인도의 경제성장은 계급사회에 대한 새로운 흐름을 만들었다. 농업 생산량의 증가와 상공업 등이 발달하면서 도시와 국가의 발전이 있었다.

도시 발달은 상공업의 확대와 더불어 큰 부의 축적을 가능하게 만들었다. 높은 계급인 제사장(바라문)이나 왕족(크샤트리아)이 아닌 일반 평민층(바이샤)의 상공업 관련 계급이 부를 축적하면서, 높은 계급에 상응하는 권력을 경험하게 되었다. 이러한 변화는 전통적인 계급사회를 부정하는 새로운 흐름을 만들었고, 계급사회를 부정하는 자들은 집을 떠나 수행하는 무리(출가사문出家沙門)로 나타났다.

붓다 역시 계급사회를 거부하는 사람들 중 한 명이었다. 그는 바라문 계급사회를 버리고 사문으로 출가하여, '인간은 누구나 평등하고 노력을 통해 발전과 변화를 추구할 수 있음'을 강조했다. 계급이라는 것은 숙명적으로 결정되는 것이 아니라, 자신의 의지와 노력에 따라 변화하는 것(무상)이다. 자신의 의지와 노력으로 스스로를 변화시키는 과정이 바로 수행이다. 수행은 내가 발전하고 성장하는 것을 의미한다. 따라서 어떤 특별한 상태나 생각 혹은 치유 등의 의미를 지닌 명상을 초월한다.

수행은 심신의 건강을 회복하는 것을 목표로 하지 않는다. 예를 들어, 누군가 우울증을 완화하기 위해 명상 프로그램에 참가한다면, 그 프로그램은 참가자가 우울증을 이해하고 다루는 데 초점을 맞출 것이다. 참가자는 비용을 지불하고, 자신의 우울증 완화에 얼마나 도움 되었는지로 프로그램의 효과를 평가할 것이다.

하지만 누군가 우울증을 완화하기 위해 수행에 참여한다면 방향이 조금 다르다. 수행은 우울을 다스리는 것을 목표로 하지 않는다. 따라서 우울의 완화 여부로 수행 효과를 판단하기는 어렵다. 수행은 우울이라는 감정에 국한되지 않고, 자신을 탐색하고 관찰하여 인간의 변화와 성장을 추구한다. 수행은 현재에 머물러 자신을 살피는 과정이다.

이를 통해 스스로 더 성장하고, 시련에 끌려다니지 않으며 매 순간 깨어 있기 위해 노력하는 것이다. 그리고 이렇게 얻은 지혜를 타인과 함께 나누는 것이다. 명상이 치유적 기능으로 비정상을 정상 상태로 회복하는 작업이라면, 수행은 어려움이나 결핍을 단순히 극복하는 수준을 넘어, 내면의 잠재력과 긍정적 변화를 실현하는 과정이다. 따라서 수행은 현실 도피가 아니라 자신과 사회의 성숙과 발전을 추구하는 행위에 가깝다.

지금까지 명상과 수행의 의미를 살펴보았다. 그럼 이제 한번 분류를 해보자. 다음에 제시되는 단어들을 보면서 명상이 떠오르는지, 수행이 떠오르는지 확인해 보는 것이다. 이는 각 개념이 어떤 역할을 지니는지를 생각해 보는 것이다. 물론 주관적인 판단이기에 정답은 없지만, 많은 사람들이 나와 비슷하게 느끼지 않을까 생각해 본다.

'혈압 조정', '불면증 개선', '스트레스 해소',
'만성 통증 완화', '심리 치료'

명상과 수행 중에 무엇이 먼저 떠오르는가? 명상과 수행 중에 무엇의 역할에 가깝다는 생각이 드는가? 그럼 단어를 바꾸어 다시 한번 해보자. 다음에 나타나는 단어들을 보면서 명상이 떠오르는지, 수행이 떠오르는지 확인해 보자.

'집중', '통찰', '지혜', '평정', '평온',
'희열', '깨달음', '해탈', '열반'

명상과 수행 중 무엇이 먼저 떠오르는가? 전자의 단어들은 '명상'을, 후자의 단어들은 '수행'을 떠올리게 하지 않는가.

명상은 이 세상을 즐겁고 건강하게 잘 사는 것을 중요하게 다룬다. 결국 이완과 회복이 수반되어야만 한다. 반면에 수행은 집중, 몰입, 구도의 길, 성장, 지혜의 성취 등 인간의 근원적인 문제, 존재의 괴로움에서 벗어나는 방법을 다룬다. 명상보다는 상대적으로 더 무겁고, 일상적으로 이해하기 쉽지 않은 의미를 담고 있는 것으로 보인다. 물론 수행이 회복과 치유의 기능을 갖추지 못한다거나, 명상을 통해 지혜를 얻지 못한다는 말은 아니다. 하지만 우리 안에서 이미 명상과 수행은 나름의 기준으로 구분되어 있다는 생각이 든다.

불교 수행은 치유와 회복 등의 의미를 지닌 명상을 초월한다. 더불어 수행은 심신의 건강을 목표로 하지 않는다. 이 세상을 보다 즐겁고 건강하게 사는 것이 중요하지 않은 것이다. 수행은 '종성種姓의 변화'를 목표로 한다. 이 변화는 범부가 성인이 되는 길이다. 지금 자신이 처한 상황을 바꾸고자 노력하는 것이 아니라, 상황을 맞이하는 자신을 바꾸는 것이다. 예를 들어, 분노를 줄이거나 가라앉히는 것이 아니라, 분노를 일으키지 않는 자가 되는 것이다. 이들을 일반 사람이 아닌 성스러운 사람이라고 한다. 수행자는 이 과정을 통해 무지와 갈애를 제거한다.

오늘날 명상에 관심이 집중되어 있지만 수행을 모르고 명상에만 집착한다면, 자칫 명상을 행복하고자 하는 갈애의 불쏘시개로 전락시킬지도 모른다.

불교는 마음을 어떻게 챙기는가

그러므로 아난다여! 너희 비구들도 자기의 섬에 머물고 자기에게 귀의하라. 다른 것에 귀의하지 말라. 법의 섬에 머물고 법에 귀의하라. 다른 것에 귀의하지 말라.

아난다여! 이 가르침 안에서, 비구는 몸에 대해 몸을 따라가며 보면서 머문다. 열렬함과 마음챙김과 알아차림을 지녀, 세간에 관련한 탐욕과 근심을 벗어나 머문다. (…) 느낌에 대해 (…) 마음에 대해 (…) 법에 대해 법을 따라가며 보면서 머문다. 열렬함과 마음챙김과 알아차림을 지녀, 세간에 관련한 탐욕과 근심을 벗어나 머문다.

아난다여! 이것을 일컬어, 비구가 자신을 섬으로 삼아 머물고 자신에 의지하여 머물고 다른 이에게 의지하지 않는 것이라 하느니라.[21]

❀   '마음챙김'은 명상의 구체적인 방법을 의미하는 용어다. 마음챙김은 빠알리어 '사띠sati'를 번역한 우리말이다. 이는 수행자가 마음과 화두를 '챙기다'라는 표현에서 유래한 신조어로, '마음'과 '챙김'이 결합된 말이다. 그리고 서구의 심리 치료 분야에서 사용하는 영어 '마인드풀니스mindfulness'의 번역어로도 자리매김했다.

명상이 미국으로 전해지고 명상의 생리적, 심리적 치료 효과가 과학으로 증명되면서부터 미국 내의 명상 시장도 빠르게 성장하고 있다. 지난해 추산 시장 규모가 20억 달러라 하니 우리 돈으로는 2조 7천억 원에 해당한다. 마음챙김을 활용한 앱만 보더라도 연간 12.4퍼센트의 성장률을 기록하고 있으며, 2031년까지 4천억 원 규모로 확대될 것으로 예상한다. 이처럼 마음챙김 명상이 미국에서 빠르게 성장하고 그 역할이 확대되자, 최근 마음챙김을 명상의 대체 용어로 사용하자는 분위기에 이르렀다.

마음챙김은 명상에서 다루는 마음의 기능이나 역할 중의 하나다. 그럼에도 불구하고 치유의 기제로써 중요한 역할을 하다 보니, 마음챙김이 명상을 포괄하는 개념으로 확대되어 가고 있다. 어쩌면 명상이 치유적 기능을 하지 못한다면, 명상으로서의 가치를 인정받기 어려운 시대가 올지도 모르겠다.

서구에서 발달한 심리 치료의 분야에서는 마음챙김을 정의하는 일보다 마음챙김을 위한 훈련법과 인지 치료적 방법을 결합해 나타나는 치료 효과를 더욱 중시하고 있다. 마음챙김의 시작점인 불교의 사띠나 위빠사나에 대한 부분은 사라지고, 치료적 측면만을 강조하는 것이다.

이처럼 심리 치료적 명상으로 활용되는 마음챙김은 현재 경험에 대한 '주의'나 '자각'의 측면을 주요소로 보기도 하고, 연구자들마다 다른 정의를 내리기도 한다. 이른바 과학적 접근이라고 말하는 마음챙김의 척도, 구성 개념, 주요 요인도 연구자에 따라 각자 다르게 사용하고 있는 실정이다. 이러한 맥락에서 마음챙김과 명상을 동의어처럼 사용한다면, 명상이나 사띠의 역할도 각각 다른 의미로 이해하게 될지도 모른다.

초기불교의 수행법인 위빠사나를 모태로 하여, 오늘날 세계적으로 널리 알려진 마음챙김 명상mindfulness meditation, 혹은 알아차림 명상awareness meditation 안에는 사띠와 삼빠잔냐sampajañña의 의미가 혼재되어 있다. 이와 같은 혼용은 불교와 심리학과 관련된 모든 분야에서 쉽게 찾을 수 있다. 심리학자들은 알아차림이 마음챙김의 행위에 따른 자연스러운 결과이기에 마음챙김과 별도의 기능으로 볼 필요는 없다는 입장을 취한다. 또한 심리학자들 사이에서 사띠는 주의attention로도 번역되는데, 현상에 대한 주의나 집중의 의미를 구분하기보다 동시에 내포하려는 의도가 있는 것 같다.

마음챙김 측정 도구로 개발된 '마음챙김 주의 알아차림 척도 Mindful Attention Awareness Scale, MAAS'의 이름을 보면, '마음챙김'과 '주의' 그리고 '알아차림'을 혼용하여 사용하고 있음을 알 수 있다. 하지만 마음챙김의 시작 자리인 초기불교의 수행 과정은 다르다. 수행자는 원하는 대상으로 주의를 기울여(마나시까라), 그 대상을 마음챙김 하고(사띠), 분명히 알아차리는(삼빠잔냐) 과정을 통해, 지혜(빤냐)를 성장시킨다. 이들이 모두 동시에 일어나는 것 같지만 서로 다른 내적 기제로 구분된다.

불교 수행에서는 수행자의 수준에 맞는 마음을 다룬다. 마음챙김이 어려운 자는 좀 더 수월한 주의 기울임 연습을 먼저 해야 하고, 알아차림이 어려운 자는 주의 기울임과 마음챙김 연습을 더 해야 하는 것이다. 이 과정을 통해 수행자는 점진적으로 성장하고 몸과 마음에서 일어나는 현상을 분명히 이해하게 된다. 그 현상이 좋은 것이든 싫은 것이든 분별하지 않고, 있는 그대로 알아차리도록 하는 것이다. 부정적 정서를 긍정으로 바꾸는 심리 치료의 목적과는 다르다.

국내 불교학계는 2010년 무렵 '사띠'의 번역 용어의 선정 문제로 다양한 논의를 진행했다. 번역어로는 '주시', '새김', '마음지킴', '마음챙김', '알아차림' 등 다양한 용어가 제시되었다. 물론 현재까지도 사띠의 우리말 번역어는 정해지지 않았다. 다만, 마음챙김이 주류를 이루는 추세다. 초기불교의 사띠는 크게 두 가지 의미가 있다. 하나는 '기억한다'이고, 다른 하나는 '현재하는 현상에 주의를 두고 있는 것'을 의미한다. 수행 과정에서 사띠는 주로 후자의 의미로 사용한다.

물론 전자인 '기억'의 의미로도 사띠를 수행 기제로 이해할 수 있다. 일반적으로 우리가 '기억'이라는 용어를 쓸 때는 이미 지나간 오래전의 일을 회상한다는 의미를 지닌다. 하지만 순간순간 생멸하는 찰나를 적용하면, 수행자가 현상을 인지하는 순간, 이미 그 현상은 찰나에 지나간 과거의 것이 된다. 따라서 우리가 인지한 순간은 이미 지나간 현상을 (기억으로) 알고 있다는 설명이다. 가능한 해석이지만 사띠의 번역어로 사용하려면 이와 같은 부연이 늘 필요할 것이다.

불교 수행의 마음챙김을 다룰 때 중요한 것은 사띠가 '팔정도八正道'의 구성 요소라는 점이다. 정념正念(바른 마음챙김)은 정정진正精進(바른 노력), 정정正定(바른 집중)과 더불어 삼학의 정학定學(집중)을 구성한다. 좀 더 구체적으로 들어가면 팔정도의 정념은 '사념처四念處' 수행을, 정정은 '사선정四禪定' 수행을 의미한다. 사띠는 사념처뿐만 아니라, 사선정 수행에도 적용된다.

정념의 사념처 수행은 몸, 느낌, 마음, 법이라는, 네 가지 현상을 '반복적으로 놓치지 않고 보아', 현상들을 '분명히 아는' 수행을 말한다. 정정의 사선정 수행에도 사띠는 반드시 필요하다. 특히, 세 번째 선정에서 사띠와 알아차림이 선정의 요소로 강조되고, 네 번째 선정에서는 맑은 사띠와 평정심만 남는다. 이처럼 사띠는 불교 수행의 핵심인 팔정도의 정학을 구성하는 중요한 요소다.

불교 수행의 사띠와 현대 심리학의 마음챙김은 의미와 역할이 다르다. 사띠는 도덕성이라는 계학의 바탕 위에, 정학의 요소로 작용하고, 혜학을 추구한다. 윤리를 갖추지 않은 상태에서 마음챙김의 작용은 불가능하다. 하지만 심리 치료의 마음챙김은 계학과 혜학과는 분리되어 독립적으로 기능할 뿐만 아니라, 임상적으로 활용하기 위해 본래의 의미보다 더 넓은 의미로 사용되고 있다. 마음챙김을 다루는 서양의 연구자들은 불교 수행의 목표나 수행 기제의 상호관계를 배제하고, 이를 심리 과정의 독특한 방식으로 사용하기를 선호한다. 이것은 마음챙김을 심리 치료에 활용하는 측면에서 유익한 방향일 수 있다. 그러나 마음챙김은 인간의 괴로움을 해결하고 종성의 변화와 성도^{聖道}(성인의 길)를 목표로 하는 붓다의 수행법이다.

최근 불교계의 흐름을 보면, 오히려 마음챙김의 심리 치료적 역할만을 부추기고 있는 듯하다. 이미 대중화된 마음챙김을 확장하는 데 기여하기보다는, 불교 수행의 마음챙김이 지니는 의미와 역할을 살펴야 한다. 그리고 심리 치료적 마음챙김의 기능이 지니는 한계와 문제점을 파악하고, 불교적 해결 방안을 제시해야 할 시점이다.

초기불교 수행법에 관하여

네 가지 성스러운 진리(사성제四聖諦)를 있는 그대로 알고 보는 것이 지극히 청정하게 되었기 때문에 나는 신과 마라와 범천을 포함한 세상에서, 사문, 바라문과 신과 사람을 포함한 무리 가운데에서 위없는 바른 깨달음을 실현했다고 스스로 천명하였다. 그리고 나에게는 '나의 해탈은 확고부동하다. 이것이 나의 마지막 태어남이며, 이제 더 이상의 다시 태어남은 없다'라는 지와 견이 일어났다.[22]

초기불교는 부파불교部派佛教 발생 이전의 불교를 말한다. 붓다의 입멸 후 100여 년이 지나, 승가는 율장律藏(승가의 계율)의 실천 문제로 분열한다. 이 시대의 승가는 자신들의 이익과 전통을 고수하기 위해 분리를 선택했다. 2500여 년의 불교 역사 속에서 불교가 하나의 승가로 유지된 시간은 100년 정도에 불과하다. 그리고 이 시대의 불교를 '초기불교'라고 부른다.

우리는 어떻게 초기불교를 만날 수 있을까? 초기경전은 초기불교를 만나는 시작점이다. 초기경전은 구전으로 전승되다, 기원전 1세기 무렵 스리랑카에서 빠알리 삼장三藏✦으로 문자화되었다. 이를 4차 결집이라고 부른다. 불멸 후, 가르침이 문자로 기록되기까지는 약 450여 년의 시간이 흘렀고, 그사이 어떤 변화와 첨삭이 있었는지는 파악하기 어렵다. 일부 학자들은 초기경전이 붓다의 직접적인 가르침이라고 주장하기 위해, 인도 북부의 바이라트Bairat 사원에서 발견된 암석 비문을 근거로 제시한다. 비문에는 아소카왕이 본인을 명시하며 삼보✦✦에 대한 존경과 신심을 표현하고 있다. 또한 『숫따니빠따』의 경전 명들이 새겨져 있어, 이를 근거로 현재의 초기경전이 아소카왕의 시대에도 있었다는 것을 방증한다.

하지만 4차 결집은 상좌부불교의 전통에서 인정하는 사건으로 전통에 따라 다른 시선으로 바라볼 수 있다. 또한 문자화 이후, 현재까지 2100여 년이라는 시간이 흘렀다. 이 기나긴 풍파 속에서 문자로 남은 가르침이 얼마나 고스란히 유지되었을지 파악하는 것도 쉽지 않은 일이다.

✦ '세 가지 바구니'라는 뜻으로, 붓다의 말씀을 담은 경장, 승가의 계율을 담은 율장, 그리고 붓다의 가르침에 대한 논의를 담은 논장을 의미한다. 붓다 시대의 인도에서는 글을 읽지 못하는 사람이 많았고, 성스러운 가르침을 글이나 책으로 물질화하기보다는 정신적으로 암송하는 전통이 자리 잡고 있었다. 붓다 역시 많은 대중을 위해 자신의 가르침을 문자로 기록하기보다는 구전(암송) 전승할 것을 제안했다. 단, 개인 암송이 아니라 집단의 합송을 통해 정확성을 유지했다. 합송의 전통은 개인이나 권력에 의한 삼장 내용의 변형이나 첨삭이 불가하도록 장치한 것이다. 그러나 시간이 흘러 집단 합송 전통이 유지되기 어려워지자, 삼장(경장·율장·논장)을 나뭇잎(패엽)에 기록하게 되었는데, 이를 '패엽경'이라고 한다. 이후에는 구전 합송의 전통이 이어지기보다는 사경(경전을 쓰는 전통)이 생겨났다.
✦✦ 불교에서 귀의해야 할 세 가지 보배나 보물이라는 뜻으로 붓다, 가르침, 그리고 붓다의 제자들이자 수행 공동체인 승가를 말한다.

그렇다면 초기불교 수행은 어떻게 만나야 할까? 어쩌면 보존된 문헌의 진위 여부나 신구新舊로 층을 구분하기에 앞서, 그 가르침이 지금 이 순간 실천되고 경험할 수 있는지를 확인하는 것이 현명할지도 모른다. 즉, 초기불교 수행은 문헌을 바탕으로 경험과 실천을 통해 만나야 한다.

붓다는 인도의 신분제도처럼 정해진 운명을 거부했다. 그에 따르면, 사람은 모두 입이나 옆구리가 아닌 어머니의 자궁을 통해 태어났으며, 계급을 떠나 누구나 평등하고, 노력을 통해 발전과 변화를 추구할 수 있다. 출생에 따른 계급이 아니라, 자신의 노력에 따라 계급을 만들어가는 것이다. 붓다는 이러한 성장, 발전, 계발을 '바와나(수행)'라고 불렀다.

붓다는 제자들에게 집중과 관찰을 통해 족쇄로부터 벗어나는(해탈) 삶으로의 발전을 제안했다. 자신의 의지와 노력을 통해 스스로를 발전시키는 과정이 바로 수행이다. 따라서 초기불교 수행은 사색, 회복, 치유 등의 의미를 지닌 명상을 초월한다. 초기불교 수행법의 '초기불교'는 붓다의 원음에 가까운 가르침을 말하는 것이고, '수행법'은 인간이 성장하고 발전하는 방법을 의미한다.

하지만 일부 상좌부불교 전통의 수행자들은 '초기불교 수행'의 범위를 확장하려 한다. 이들은 초기불교를 부파불교 이전이 아닌, 빠알리어 문헌을 다루는 불교 전통 전체로 이해하려 하거나, 근현대의 상좌부불교 전통을 따르는 것으로 오해한다. 『청정도론』이나 아비담마(논장論藏)의 가르침은 초기불교가 아니다. 초기불교 수행론을 집대성했다는 『청정도론』은 붓다의 입멸 후 약 1000년이 흐른 기원후 5세기 무렵, 스리랑카 대사파大寺派의 수행 전통을 기록한 주해서에 가깝다. 그리고 근현대에 들어서 국내외에 소개된 남방의 사마타, 위빠사나 수행법도 불교 수행 부흥 운동의 일환으로 1956년 무렵부터 활성화된 방법들이 주류를 이룬다. 이와 같은 방법론들 역시 각각 지도자의 경험과 그들의 수행 전통에 의해 구조화되었다. 개인적으로는 이 수행법들이 매우 훌륭하다고 생각한다. 그럼에도 불구하고 이들을 '상좌부불교 수행법'이라고 불러야 적합할 것이다.

만약 어느 수행자가 호흡이 코끝에 닿는 지점에 집중하여 빛의 표상이 떠올랐고, 그 빛에 세 시간 동안 집중이 가능했기에 선정에 들었다고 설명한다면, 그는 초기불교 수행법을 진행한 것이 아니라, 현대 상좌부불교 수행법을 따른 것이다. 붓다는 호흡에 집중하기 위해 호흡의 위치(코끝), 호흡의 표상(니밋따nimitta), 몰입의 시간(세 시간) 등을 제시하지 않았다. 특정 경험을 선정의 성취 여부로 판단하는 것은 선정의 본래 의미와 역할로부터 멀어질 수 있을 뿐만 아니라, 개인의 근기에 따른 성장을 제한할 수 있기 때문이다.

초기불교는 수행자에게 특정 경험이나 방법을 강요하지 않는다. 어떤 경험을 했는지보다 번뇌로부터 얼마나 벗어났는지가 중요하다. 즉, 수행을 통해서 얻은 것이 중요한 게 아니라 수행을 통해 얼마나 집착을 버렸는지가 중요하다. 굳이 비유하자면 초기불교 수행의 발전 과정은 덧셈이 아니라 뺄셈으로 볼 수 있다.

초기불교 수행법 중에 가장 잘 알려진 것은 도성제道聖諦이며, 팔정도로 구체화된다. 팔정도는 중도, 삼학, 칠청정七淸淨이라는 다른 이름으로도 설명된다. 수행자는 언행을 다스리고, 마음을 조정하여 지혜를 키운다. 여기서 지혜는 모든 현상은 변하고, 고정불변의 실체는 없다는 사실을 아는 것이다. 이 과정에서 나에 대한 집착과 번뇌를 내려놓는 길이 곧 청정이다.

또한 팔정도는 사마타(지止)와 위빠사나(관觀)의 조화를 추구한다. 사마타 수행은 평온과 고요함을 목적으로 집중을 계발하기에 '사마디 수행'이라고 부르며, 위빠사나 수행은 내적 통찰과 지혜를 계발하기에 '반야 수행'이라고 부른다. 복잡한 것 같지만 간단히 표현하면, 들뜨거나 흥분된 마음이 가라앉아야(지) 자신의 모습을 있는 그대로 볼 수 있다(관).

집중은 원하는 대상에 마음이 머무를 수 있도록 돕는다. 마음이 과거의 사건이나 불안한 미래로 방황하지 않게 하려면 집중의 힘이 필요하다. 집중은 마음이 흔들리거나 동요하지 않도록 도와준다. 이러한 집중을 통해 마음이 고요해지면(지) 현상을 여실하게 볼 수 있다(관). 이때 모든 현상은 변하고 있다는 사실을 알게 된다.

팔정도의 정념은 사념처 수행으로 알려져 있다. 특히,『대념처경』을 통해 소개되는 사념처는 몸을 열네 가지 대상, 느낌을 아홉 가지, 마음을 열여섯 가지, 법을 다섯 가지 방법으로 소개하고 있다. 이처럼 다양한 대상과 방법들은 모두 하나의 역할로 귀결된다. 바로 신수심법에 대해 '분명히 안다(빠자나띠)'는 것이다. 호흡이나 걷기의 방법, 즐거움이나 분노라는 대상 자체가 중요한 것이 아니라, 경험되는 현상을 분명히 알아야 한다.

'빠자나띠'가 '빤냐'의 동사형이라는 사실을 고려한다면,『대념처경』의 주인공은 사띠가 아니라 빤냐다. 초기불교 수행은 현재 일어나는 현상에 대해, 보이는 만큼만 있는 그대로 지혜로 볼 것을 강조한다.

오늘날 국내에서 초기불교 수행법이라 불리는 방법들은 대부분 상좌부불교의 전통을 기반으로 한다. 사마타와 위빠사나라는 이름으로 붓다의 수행법임을 자처하지만,『청정도론』이나 후대 논서 등을 활용한 전통적 가르침들이 주류를 이룬다. 초기경전의 수행법이 수행자의 근기에 따른 점진적 성장을 추구했다면,『청정도론』의 수행법은 다양한 수행법을 열거하고, 성향에 따라 적합한 수행법을 맞추는 형태로 구체화했다.

『청정도론』을 지은 붓다고사Buddhaghosa는 인간의 성향과 수행법을 분류하고 이들의 성장 단계를 치밀하게 분석했다. 그리고 현대

상좌부불교는 이에 의지하는 동시에 지도자 개인의 경험과 그들이 추구하는 방식에 따라 지금도 변화하고 있다.

붓다의 시대에 사마타와 위빠사나 수행이 서로 상보적이었다면, 『청정도론』의 시대에는 차제 관계로, 현재 상좌부 전통에서는 마치 수행자 개인이 둘 중의 하나를 선택해야 하는 양분된 수행법으로 자리매김하고 있다. 시대에 따른 불교 수행법의 변화는 지극히 정상적이다. 그럼에도 불구하고 상좌부불교 수행법이 초기불교 수행법이라는 이름으로 포장되는 것은 아닌지 염려된다.

마
치
며

🪷　　　　　　명상에 관한 강의를 하는 중에 자
주 듣는 질문이 있다.

"교수님, 깨달으셨어요?"

나는 미소만 머금은 채 쉽게 대답하지 못한다. 어린 시절 존경하
는 스님에게 다짜고짜 던졌던 바로 그 질문을, 이제는 내가 받게 된
것이다. 돌이켜보면 수행보다는 수행의 결과에 집착했던 내 모습이
떠올라 부끄럽기도 하고, 한편으로 입으로는 수행을 강조하면서 정

작 깨달음의 근처에도 가지 못한 것 같아 더욱 말문이 막힌다.

불교에서 인간은 세 가지 독을 품고 산다고 한다. 바로 '탐욕(탐 貪)', '성냄(진瞋)', '어리석음(치痴)'이다. 이들이 없어지면 깨달음을 성취했다고 묘사하기도 한다. 하지만 나는 세 가지 모두를 고루 지니고 있을뿐더러, 특히 성냄이 두드러지는 것 같다. 때로는 성냄이 의욕으로 바뀌기도 하지만, 대부분 후회와 반성의 원인이 된다. 나는 30여 년간 수행을 해왔고, 수행 관련한 연구를 하고 있고, 자비와 알아차림에 대해 강의하지만, 여전히 들끓는 탐진치를 안고 살아간다. 가끔 내가 화를 내면 가까운 지인들은 '정 교수는 명상을 안 했으면 어쩔 뻔했어?'라는 조소 섞인 말을 하기도 한다.

그들의 말이 맞다. 오늘의 나는 궁극적 깨달음을 이루려 하기보다, 작은 지혜라도 잊지 않으려 애쓴다. 내 수행은 더 나아지기보다, 더 나빠지지 않기 위한 발걸음이다. 아쉽게도 우리의 삶에는 이미 정해진 순서가 있다. 이 세상에 태어난 우리는 모두 늙고, 병들고, 죽는다. 이것은 바꿀 수 없는 현실이다. 깨달음을 얻은 붓다조차 늙고 병들어 열반에 들었다. 결국 삶의 과정에서 진정한 해방은 몸이 아니라 마음에 있다. 나의 마음이 나를 향한 집착에서 조금씩 벗어나기를 바랄 뿐이다.

이를 위해 할 수 있는 방법은 오직 하나, 바로 수행이다. 이 길 외에는 달리 벗어날 방도가 없다는 사실을 알았으며, 내가 수행을 지속할 수밖에 없는 이유이기도 하다. 불만족의 굴레에서 벗어나고자 하는 자에게는 선택의 여지가 없다.

나는 아침마다 어머니를 모시고 집 앞 목감천 주변을 걷는다. 처음에는 손을 잡고 걸었지만, 어머니는 이제 기력이 달리는지 나의 한 팔을 잡고 걸으신다. 때로는 숨이 차서 잠시 쉬었다 걷기도 한다. 점점 산책하는 거리도 줄어들고 걸음도 늦어지지만, 날씨가 허락하는 한 꾸준히 걸으려 한다.

어머니는 마치 깨달음을 얻기 전의 붓다에게 유미죽을 올린 수자타처럼, 아버지란 수행자를 위해 헌신하였다. 모기 한 마리도 잡지 않고, 술과 담배를 한 번도 한 적이 없으며, 종갓집 맏며느리로 효부상을 받을 정도로 부모와 자식에게 최선을 다했다. 매일 가족의 안녕을 빌며 사랑을 방사하고, 자신보다 타인을 위해 평생을 바쳐온 삶이야말로 진정한 수행의 길이 아닐까. 오랜 투병 생활을 맑은 미소로 묵묵히 이겨내고 있는 어머니를 보면 알게 된다. 다리를 접고 앉아 허리를 곧게 세우고 있는 것만이 수행의 전부는 아니리라.

오늘 아침은 걷는데 어머니가 별말씀을 하지 않는다.

"엄마, 무슨 생각하세요?"
"응, 오른발, 왼발 하면서 걷고 있어. 이렇게 하면 숨도 덜 차고 다리에 힘도 붙는 것 같아."

지금 이 순간에 머무는 것, 이것보다 더 큰 수행이 어디 있겠는가.

❖❖❖

이 책이 세상에 나오기까지 늘 작가를 따뜻하게 배려해 주신 웨일북의 김효단 편집자님께 감사드립니다. 오랜 시간 귀한 영감을 나누어 주시고, 탁월한 감각과 세심한 손길로 독자들이 편안히 읽을 수 있는 책으로 완성해 주셨습니다. 올해로 근무 20년째를 맞은 서울불교대학원대학교는 제게 삶과 수행, 지도와 배움이 하나라는 사실을 알려주었습니다. 함께 연구하고 정진하는 도반님들께 진심으로 감사의 마음을 드립니다. 무엇보다, 이 삶을 살아오며 제게 사랑의 마음을 심어주신 어머니와 지혜의 길을 밝혀주신 아버지께 진심으로 감사드립니다. 두 분의 존재와 가르침은 언제나 제 삶의 등불이자 힘이 되어주셨습니다. 존경하고 사랑합니다.

참고 문헌

서문

1 ＿ O. von Hinuber and K.R. Norman ed. Dhammapada. Oxford. Pali Text Society(PTS), 1995. p.45, v.160.

1부 수행 이야기
무엇이든 '있는 그대로' 수용할 줄 아는 태도

1 ＿ V. Trenkner ed. *Majjhimanikāya* vol.I. London : PTS. 1979. p.246.

2 ＿ T. W. Rhys Davids and J.E. Carpenter. *Dīghanikāya*. vol.I. London : PTS. 1975. p.145.

3 ＿ O. von Hinuber and K.R. Norman ed. *Dhammapada*. Oxford. PTS, 1995. p.52, v.184.

4 ＿ Richard Morris ed. *Aṅguttaranikāya*. vol.II, London : PTS, 1976. p.146.

5 ＿ 북산집北山集: 良醫之家, 以毒止毒也

6 ＿ Paul. Steinthal. ed. *Udāna*. London : PTS. 1982. p.2.

7 ＿ V. Trenkner ed. *Majjhimanikāya* vol.I. London : PTS. 1979. p.437.

8 ＿ T.W. Rhys Davids and J.E. Carpenter. *Dīghanikāya*. vol.II. London : PTS. 1966. p.299.

9 ＿ D. Anderson and H. Smith ed. *Sutta Nipāta*. London : PTS. 1965. v.40, v.75.

10 ＿ V. Trenkner ed. *Majjhimanikāya* vol.I. London : PTS. 1979. p.347.

11 ＿ C.A.F. Rhys Davids and D. Litt. ed. *Visuddhimagga* London : PTS. 1975. p.143-145.

12 ＿ V. Trenkner ed. *Majjhimanikāya* vol.I. London : PTS. 1979. p.349.

13 ＿ C.A.F. Rhys Davids and D. Litt. ed. *Visuddhimagga* London : PTS. 1975. p.633.

2부 세 가지 훈련

붓다가 세 겹의 길을 제시하다

첫 번째 훈련: 뿌리, 이완, 계학戒學

1__C.A.F. Rhys Davids and D. Litt. ed. *Visuddhimagga* London : PTS. 1975. p.587-597.

2__Richard Morris ed. *Aṅguttaranikāya*. vol.I, London : PTS, 1961. p.161.

3__Richard Morris ed. *Aṅguttaranikāya*. vol.II, London : PTS, 1976. p.81.

4__E. Hardy ed. *Aṅguttaranikāya*. vol.III, London : PTS, 1976. p.415.

5__O. von Hinuber and K.R. Norman ed. *Dhammapada*. Oxford. PTS, 1995. v.1.

6__Richard Morris ed. *Aṅguttaranikāya*. vol.II, London : PTS, 1976. p.69.

7__V. Trenkner ed. *Majjhimanikāya* vol.I. London : PTS. 1979. p.396.

8__D. Anderson and H. Smith ed. *Sutta Nipāta*. London : PTS. 1965. Sn. v.258-269.

9__Paul. Steinthal ed. *Udāna*. London : PTS. 1982. p.47.

10__D. Anderson and H. Smith ed. *Sutta Nipāta*. London : PTS. 1965. v.143-152.

11__T.W. Rhys Davids and J.E. Carpenter ed. *Dīghanikāya*. vol.I. London : PTS. 1975. p.146.

12__T.W. Rhys Davids and J.E. Carpenter ed. *Sumaṅgalavilāsinī*. vol.III. London : PTS. 1968. p.951; T.W. Rhys Davids and J.E. Carpenter ed. *Dīghanikāya*. vol.III. London : PTS. 1975. p.188.

두 번째 훈련: 줄기, 집중, 정학定學

1__D. Anderson and H. Smith ed. *Sutta Nipāta*. London : PTS. 1965. v.935ff..

2__M. Leon Feer ed. *Saṃyuttanikāya*. vol.IV. London : PTS. 1990. p.207f.

3__V. Trenkner ed. *Majjhimanikāya* vol.I. London : PTS. 1979. p.134.

4__V. Trenkner ed. *Majjhimanikāya* vol.I. London : PTS. 1979. p.116.

5__O. von Hinuber and K.R. Norman ed. *Dhammapada*. Oxford. PTS, 1995. v.222.

6__Edward. Muller ed. *Dhammasaṅgani*. London : PTS. 1978. p.190.

7__O. von Hinuber and K.R. Norman ed. *Dhammapada*. Oxford. PTS, 1995. v.227.

8__M. Leon Feer ed. *Saṃyuttanikāya* vol.I. London : PTS. 1991. p.4.

9__Robert Chalmers ed. *Majjhimanikāya* vol.II. London : PTS. 1977. p.170.

10__V. Trenkner ed. *Majjhimanikāya* vol.I. London : PTS. 1979. p.318.

11__V. Trenkner ed. *Majjhimanikāya* vol.I. London : PTS. 1979. p.178.

12__Richard Morris ed. *Aṅguttaranikāya*. vol.I, London : PTS. 1961. p.188.

세 번째 훈련: 열매, 관찰, 혜학慧學

1__Robert Chalmers ed. *Majjhimanikāya* vol.II. London : PTS. 1977. p.198.

2__Robert Chalmers ed. *Majjhimanikāya* vol.III. London : PTS. 1977. p.1.

3__잭콘필드 지음, 정준영 옮김, 『어려울 때 힘이 되는 8가지 명상』, 불광출판사. 2022. p.29

4__Robert Chalmers ed. *Majjhimanikāya* vol.III. London : PTS. 1977. p.187f.

5__D. Anderson and H. Smith ed. *Sutta Nipāta*. London : PTS. 1965. v.847.

6__M. Leon Feer ed. *Saṃyuttanikāya*. vol.I, London : PTS. 1991. p.5.

7__Robert Chalmers ed. *Majjhimanikāya* vol.II. London : PTS. 1977. p.198.

8__M. Leon Feer ed. *Saṃyuttanikāya*. vol.IV. London : PTS. 1990. p.80, 144 ; V. Trenkner ed. *Majjhimanikāya* vol.I. London : PTS. 1979. p.61.

9__T.W. Rhys Davids and J.E. Carpenter ed. *Dīghanikāya*. vol.II. London : PTS. 1966. p.298.

10__Robert Chalmers ed. *Majjhimanikāya* vol.II. London : PTS. 1977. p22

11__O. von Hinuber and K.R. Norman ed. *Dhammapada*. Oxford. PTS, 1995. v.277.

12__O. von Hinuber and K.R. Norman ed. *Dhammapada*. Oxford. PTS, 1995. v.278.

13__Rhys Davids, T. W. and Stede, William ed. *Pali-English Dictionary*. Delhi : Motilal Banarsidass Pub, 1986. p.324.

14__M. Leon Feer ed. *Saṃyuttanikāya*. vol.IV. London : PTS. 1990. p.259.

15__Walpola Rahula, *What the Buddha Taught*. Gordon Fraser Gallery. 1959. p.16.

16__O. H. de. A. Wijesekera, *The Three Signata*. The Wheel Pub no.20. 1982.

17__M. Leon Feer ed. *Saṃyuttanikāya*. vol.I. London : PTS. 1989. p.53.

18__O. von Hinuber and K.R. Norman ed. *Dhammapada*. Oxford. PTS, 1995. v.279.

19__M. Leon Feer ed. *Saṃyuttanikāya*. vol.III. London : PTS. 1975. p.147~151.

20__D. Anderson and H. Smith ed. *Sutta Nipāta*. London : PTS. 1965. Sn.71.

21__T.W. Rhys Davids and J.E. Carpenter ed. *Dīghanikāya*. vol.II. London : PTS. 1966. p.100f.

22__M. Leon Feer ed. *Saṃyuttanikāya*. vol.V. London : PTS. 1976. p.423.

붓다와의 마음수업

초판 1쇄 발행 2025년 11월 10일
초판 2쇄 발행 2025년 11월 20일

지은이 정준영
펴낸이 권미경
기획편집 김효단
마케팅 심지훈, 강소연, 김재이
디자인 데일리루틴
본문 사진 Oleksandr Brovko
펴낸곳 (주)웨일북
출판등록 2015년 10월 12일 제2015-000316호
주소 서울시 마포구 토정로 47 서일빌딩 701호
전화 02-322-7187 팩스 02-337-8187
메일 sea@whalebook.co.kr 인스타그램 instagram.com/whalebooks

ISBN 979-11-94627-16-6 (03100)

소중한 원고를 보내주세요.
좋은 저자에게서 좋은 책이 나온다는 믿음으로, 항상 진심을 다해 구하겠습니다.